LÉOPOLD DE GAILLARD

AUTRES TEMPS

NICOLAS BERGASSE

Député de Lyon à l'Assemblée constituante

DEUX ENCLAVES DE L'ANCIENNE FRANCE

ORANGE ET AVIGNON

PARIS

LIBRAIRIE PLON

E. PLON, NOURRIT ET Cie, IMPRIMEURS-ÉDITEURS

RUE GARANCIÈRE, 10

1893

AUTRES TEMPS

PARIS. — TYP. DE E. PLON, NOURRIT ET CIE, RUE GARANCIÈRE, 8.

LÉOPOLD DE GAILLARD

AUTRES TEMPS

NICOLAS BERGASSE

Député de Lyon à l'Assemblée constituante

DEUX ENCLAVES DE L'ANCIENNE FRANCE

ORANGE ET AVIGNON

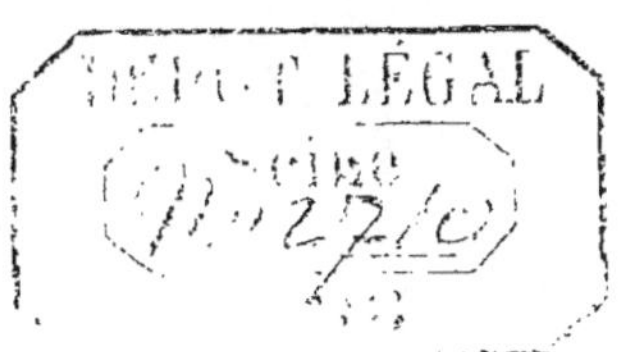

PARIS

LIBRAIRIE PLON

E. PLON, NOURRIT et Cie, IMPRIMEURS-ÉDITEURS

RUE GARANCIÈRE, 10

1893

Tous droits réservés

PRÉFACE

—

Avez-vous vraiment l'horreur des préfaces?
Pour moi, je les lis toujours et, ce qui est
pire, j'en fais quelquefois. La préface, c'est le
clou planté pour y suspendre le tableau. Sera-
t-il près de la cimaise? Je le crois bien, puisque ce sont les seuls qu'on regarde et que
l'auteur tient précisément à vous démontrer
pourquoi le sien mérite d'être regardé. Dans
ce plaidoyer pour son livre, *pro domo suâ*, j'ai
souvent trouvé la meilleure page du livre lui-
même. C'est en tout cas la plus personnelle,
en même temps que la plus imprégnée d'idées
générales. Pourquoi repousser cette humble
demande d'explications préalables qui d'habitude prévient les querelles et met fin aux malentendus? Nos vieux écrivains avaient coutume de se placer au début sous la protection
de quelque grand personnage auquel la préface était dédiée : rien de changé aujour-

a

d'hui, sinon que le grand personnage s'appelle le public.

Entendons-nous cependant! S'il ne s'agit que de répéter quelques phrases de feinte modestie, comme il est d'usage encore dans les discours d'académie, ou d'imiter le -jeu des maîtres d'armes qui ne se fendent l'un sur l'autre que « par obéissance », mieux vaut, croyons-nous; entrer tout de suite *in medias res* et ne pas s'attarder à d'inutiles préliminaires. Personne, que je sache, n'est tenu de publier un volume, ni même de se présenter à l'Académie.

Mais s'il est question d'un coin d'histoire — si petit soit-il — à mettre en culture, de quelque vérité non pas nouvelle mais trop oubliée à faire entendre, de quelque figure jadis célèbre, à présent ignorée, à rendre au jour, en un mot de quelques jalons d'études à planter sur la route des travailleurs, alors rien de plus légitime que l'insistance de l'auteur, et nous n'avons qu'à le suivre, sauf à le laisser au bout de quelques pages, s'il a été victime d'une illusion et si malgré les promesses de sa préface, il n'a rien à dire.

****

Ce volume, qui pourrait être si gros, tout

en restant fidèle à son titre, ne contient que
deux études, historiques toutes deux et politiques aussi dans le sens le plus large de ce
vilain mot. En retraçant, d'après les papiers
du temps et les précieuses communications,
soit de la famille, soit de quelques contemporains, la vie de Nicolas Bergasse, personnage
très en vue il y a cent ans, comme avocat au
parlement de Paris, comme député de Lyon à
l'Assemblée constituante et comme publiciste,
c'est surtout le moment de 89 que j'ai voulu
peindre. Je dis le *moment* de 89, parce que
89 ne fut en réalité qu'un moment. Tout
était prêt, écrit et convenu d'avance pour le
renouvellement nécessaire de l'ancien régime. Jamais vote ne fut plus libre, plus
éclairé, plus universel. Jamais la volonté du
pays ne s'est exprimée en termes plus clairs
et plus absolus. Six millions de Français se
réunirent pour donner un double mandat à
leurs 1.200 représentants : 1° garder fidèle-
ment la monarchie ; 2° fonder sur l'accord
entre le monarque et la nation, le règne
assuré des libertés publiques (1).

(1) On ne peut toucher, même par un détail, à ce grand
sujet de 89, sans rappeler au lecteur le livre si clair et si
complet publié, il y a quelques années, sous ce titre : *les Cahiers
de 89,* par M. Léon de Poncin.

Rien ne semblait plus facile que de réaliser ce programme. Par des actes personnels, tels que la restitution de l'état civil aux protestants, l'abolition de la torture et surtout la convocation des États généraux, le roi venait de se placer à la tête du parti des réformes ; d'autre part, entre le clergé, la noblesse et le tiers-état, c'était à qui en présenterait la liste la plus longue. Ce ne fut donc pas la bonne volonté qui fit défaut : ce fut du côté de l'Assemblée, la mesure, et du côté du roi, la fermeté.

Louis XVI était un de ces souverains de l'âge d'or chantés par Barbier :

> Ainsi passez, passez, monarques débonnaires,
> Doux pasteurs de l'humanité !

L'idylle, comme on sait, ne devait pas tarder à tourner en tragédie. En politique comme à la guerre, un changement de front en face de l'ennemi est une opération des plus hasardeuses, et qui demande un vrai général. Pour son malheur et pour le nôtre, le « doux pasteur » n'avait aucune faculté de commandement ni même de résistance. Pendant de longs jours d'émeutes et de déclamation, le gouvernement ne sut pas se montrer où il aurait dû être. L'Assemblée, voyant la place vide, s'était hâtée de l'occuper. Quant à l'ennemi, bien qu'il ne sût trop encore de quel nom il allait se nommer, il commençait à se laisser voir dans les clubs et dans les attroupements de Paris. Sa main-mise sur l'opinion était telle qu'en deux ans, de la prise de la Bastille à la prise des Tuileries, pas un échec ne lui fut infligé. Sans doute, si le général Lafayette, comme c'était son devoir, avait chassé de Versailles, sans attendre d'en être requis, les bandes parisiennes de la nuit du 5 au 6 octobre, les événements auraient pu prendre une tout autre direction. Au lieu d'une répression si légitime, on eut le retour forcé aux Tuileries, c'est-à-dire la captivité du roi, et pour répondre à la proclamation de Brunswick, on eut l'appel des princes émigrés à la noblesse française, c'est-à-dire la perte assurée du malheureux Louis XVI laissé seul aux suspicions de la foule.

Bergasse avait prévu cet effroyable effondrement. Nommé, dès les premiers jours de l'assemblée, membre de la Commission des 8 qui devait rédiger le projet de constitution, il insista, avec ses collègues Mounier et Lally-Tollendal, sur la nécessité d'ordre public de conserver les prérogatives essentielles du pou-

a.

voir royal. Battu sur la question du *Veto*, il crut devoir résilier son mandat, ne voyant plus lieu d'espérer, disait-il à ses électeurs, du moment où la France cessait d'être une Monarchie.

Tout en sortant de l'enceinte législative, il ne fut pas de ceux qui sortirent de France. Jusqu'après le 21 janvier et malgré les plus grands dangers, Bergasse resta à Paris, se tenant à la disposition du roi qui se plaisait à prendre ses conseils, et lançant de loin en loin dans le public le cri du patriote alarmé. Le « moment de 89 » dura pour lui autant que sa vie, qui fut longue, car il ne mourut qu'en 1832. Quels événements, quels travaux remplirent pour l'éloquent publiciste, cette série d'années ? On le verra dans les pages qui vont suivre. Ce qu'il m'importe de répéter ici, c'est qu'après avoir figuré parmi les noms les plus vantés de la fin du dernier siècle, après avoir marqué glorieusement sa place parmi les hommes de 89, il a mérité plus tard d'être recherché comme conseil et comme ami par des royalistes, tels que Châteaubriand et Berryer.

*
* *

Quant à l'Étude qui achève ce volume, elle

a pour titre : *Deux Enclaves de l'ancienne France* et présente l'histoire en résumé de la principauté d'Orange et de l'État pontifical d'Avignon joint au Comtat-Venaissin. C'est de ma chère petite patrie vauclusienne, hier encore située hors de France, que j'ai voulu parler. Sauf l'arrondissement d'Apt presque tout entier, qui faisait partie de la Provence et qui fut réuni avec elle, tout le reste du département actuel de Vaucluse obéissait à des maîtres étrangers.

Français, nous l'étions certes autant et mieux qu'aujourd'hui. On n'eût pas trouvé, par exemple, un seul misérable capable de crier avec nos anarchistes : *A bas l'armée ! A bas la patrie !* Pas une victoire, au contraire, pas un échec, pas un événement heureux ou malheureux dans la famille royale, qui ne fît vibrer la fibre populaire. La même vie nationale débordait par-dessus d'insignifiantes frontières. En dépit de la géographie politique, nous ne faisions avec la France qu'un seul et même peuple.

Parmi les villages nombreux qui forment une si riche ceinture autour d'Avignon, il en était deux ou trois qui ne relevaient que de la juridiction épiscopale et qui se trouvaient ainsi dans le Comtat sans dépendre du Comtat. *In*

Comitatu, disent nos auteurs, *sed non de Comitatu*. Ainsi d'Avignon et du Comtat, vis-à-vis de leur puissant voisin ; nous étions en France, mais sans faire encore partie de la France.

Jamais les Orangeois, du temps des Nassau, ne se sont crus Hollandais. Jamais les Avignonnais, du temps des Papes, ne se sont laissé dire Italiens. Qu'étaient-ils donc ? Ou plutôt que prétendaient-ils être ? Français.

Le moyen âge qui, par haine de l'unité romaine, se plaisait à multiplier partout les petits États, en avait laissé deux dans cet étroit coin de terre, encastrés l'un dans l'autre et n'ayant d'accès que par le territoire français. Orange, le plus ancien des deux, dont ses monuments seuls révèlent l'importance à l'époque romaine, eut plus tard une longue série de comtes, dont plus d'un se rendit célèbre par ses grands coups d'épée contre l'invasion des Sarrasins, et, plus tard, aux croisades, mais dont le nom est resté contesté. Ce n'est guère qu'à la fin du douzième siècle que les princes remplacèrent les comtes et que la maison des Baux régna la première sur la principauté. Après la plus illustre des grandes familles de Provence, vinrent, par droit héréditaire, la dynastie des Châlon, de Bourgogne, puis la dynastie des Nassau, qui ne fut dépossédée en droit que par le traité d'Utrecht, mais qui l'avait été en fait, à la mort de son dernier prince, Guillaume III, roi d'Angleterre.

On ignore moins, en général, que le Comtat-Venaissin, qui relevait des comtes de Toulouse, fut cédé au Saint-Siège, après la croisade contre les Albigeois, et que la ville d'Avignon fut vendue, un siècle après, par Jeanne reine de Naples et comtesse de Provence, au pape Clément VI.

Ce qui paraît difficile à expliquer, c'est la longue durée de ces deux petits États qui coupaient, dans le sud-est, l'unité de la France et qui n'avaient à l'indépendance d'autre titre que la foi des traités. Est-ce que réellement c'était là dans la vieille Europe une raison qui dispensait d'en donner d'autres? Est-ce que la fidélité à la parole donnée, le respect des droits acquis, la tolérance envers le faible, étaient alors, plus qu'aujourd'hui, la règle et l'honneur des grandes puissances? Nous inclinons à le croire, quant à nous, en dépit des monstrueux abus de la force qu'on pourrait nous citer. Même à Berlin, même sous Frédéric II qui mérita d'être applaudi par Voltaire pour s'être montré un maître dans l'art de tromper, on se serait bien gardé de proclamer que la force fait le droit.

Il reste acquis, tout au moins, qu'en ces temps naïfs de la diplomatie, on ne dépouillait pas le Pape comme un souverain ordinaire, et que la principauté d'Orange, enfermée de toutes parts dans le domaine pontifical semble avoir profité de son inviolabilité. L'annexion d'Avignon, en révolte contre le Pape, fut un des premiers actes de la guerre déclarée à l'Église. Par contre, l'annexion d'Orange n'avait été, moins d'un siècle avant, qu'un incident inévitable de la révocation de l'édit de Nantes. Cette petite ville, en effet, s'était habituée à jouer un rôle hostile à la France dans les guerres de religion, et se laissait dire trop volontiers qu'elle allait devenir une seconde Genève à la porte de la seconde Rome.

Plus d'une fois cependant, les rois de France ne s'étaient pas gênés pour mettre la main sur les deux enclaves ; mais l'une comme l'autre avait été scrupuleusement rendue à son maître légitime, aussitôt la paix faite ou le malentendu dissipé. Dès Louis XI, nous voyons accorder aux Orangeois comme aux Avignonnais les droits de *naturalité*, que François Ier confirma sous le nom de droits de régnicoles. Au fond, ce n'était, dans un cas comme dans l'autre, que le préambule un peu confus des droits et des obligations du citoyen français.

En toute occasion, la France en usa, vis-à-vis des deux enclaves, comme avec un pays qui devait nécessairement lui revenir.

En outre, chaque occupation temporaire laissait après elle des arguments nouveaux en faveur de l'occupation définitive. C'était sous forme d'abus momentanément abolis, de bon ordre administratif rétabli, de lois plus claires, de tribunaux moins nombreux et plus expéditifs, et surtout de frontières ouvertes pour le commerce et l'industrie.

Aussi le parti français ou royaliste, comme on disait alors, s'accroissait-il à chaque essai du régime français. A Orange, il se composait surtout des catholiques, c'est-à-dire de la masse du peuple, toujours en défiance du gouvernement des Nassau. A Avignon, au contraire, la France ne pouvait guère compter sur le peuple proprement dit, dont le cri traditionnel fut jusqu'au dernier jour : *Viva lou papo e sa moulié* (1) !

En revanche, la bourgeoisie, déjà riche, instruite et tout entière aux affaires, propageait autour d'elle ses préférences pour la do-

____

(1) *Vive le pape et sa moitié!* (l'Église). J'ai encore entendu ce cri poussé par quelques voix seulement, sur la place du Palais, en novembre 1848, quand le clergé et les autorité vinrent proclamer la nouvelle constitution républicaine, de la terrasse de Notre-Dame des Doms.

mination française. Quant à la noblesse, tout en mettant son honneur à rester fidèle au pape, elle n'oubliait pas qu'elle jouissait en France du privilège de porter l'épée dans l'armée du roi, et ne cachait pas toujours qu'elle se croyait faite pour un autre gouvernement que celui des *Monsignori* italiens.

En résumé, tout se préparait depuis longtemps pour un prompt retour à la France. C'était la fin des misères locales et la place reprisea u glorieux foyer de la mère-patrie. La principauté d'Orange fut très régulièrement livrée à Louis XIV par l'héritier des Nassau, à Utrecht. Quant aux provinces pontificales, il fallut attendre que la France ait donné le signal des révolutions pour qu'Avignon se crût permis de renvoyer son vice-légat et Carpentras, son recteur.

Quels furent ces deux hauts fonctionnaires ? Pourquoi n'en cite-t-on pas un seul qui ait levé le drapeau de l'indépendance contre son maître, tandis que le fait est si fréquent chez les gouverneurs d'Orange au temps des Nassau ? Comment vivait-on dans les deux enclaves avant la réunion à la France ? Sous quelles institutions municipales, judiciaires et d'instruction publique ? Quels rapports avec « le puissant voisin » ? Les gouvernements d'Orange

et d'Avignon furent-ils aimés et populaires ?
N'ont-ils laissé aucune empreinte dans les
mœurs et les allures des populations actuelles ?

Ce sont les réponses à ces diverses questions que nous avons essayé de résumer en
quelques pages, moins pour ceux qui aiment à
apprendre que pour ceux qui aiment à se
souvenir.

Deux mots, pour finir, sur le titre de ce
volume, d'autant plus que s'il n'en dit pas plus
qu'un autre au public, il éveille en moi l'émotion d'un souvenir de jeunesse. Lorsque je
visitais Venise pour la première fois, — il y a
longtemps de cela ; car on était encore en
pleine domination autrichienne — l'heureux
hasard d'une lettre de recommandation m'avait
mis en rapports avec un jeune avocat du pays,
plus instruit que nous n'avons l'habitude de
l'être en France sur le passé de sa ville natale, et patriote, comme on l'était à Venise au
lendemain de la dictature de Manin. Chaque
habitant passait littéralement sa journée à
chercher par quel moyen il pourrait bien
rappeler aux Allemands que s'ils tenaient gar-

nison à Venise, ce n'était pas du consentement des Vénitiens. Du palais à l'échoppe, du café Florian à la moindre buvette, tout endroit où le dur vainqueur était reçu se voyait aussitôt frappé d'interdit. Une marchande de bouquets qui aurait fleuri la boutonnière d'un officier *tedesco* eût risqué d'être jetée au canal. La place Saint-Marc, ce salon de la vieille République, était abandonnée aux Allemands, même aux heures où ils y faisaient entendre d'excellente musique. Un gamin qu'on se montrait en secret, avait eu la témérité de grimper une nuit sur le grand mât en face de Saint-Marc, pour arracher le drapeau des Hapsbourg et faire flotter les couleurs italiennes. Du côté des vainqueurs, une surveillance provocatrice, un espionnage répugnant répondaient à ces mauvaises dispositions de l'esprit public. Tout voyageur, tout Français surtout devait en arrivant se présenter à la *Commandature* pour déposer son passeport et pour recevoir, après un minutieux interrogatoire, son permis de séjour.

Un matin, nous nous étions donné rendez-vous avec mon nouvel ami, dans la galerie du palais des doges. J'entendis là, portrait par portrait, une histoire enthousiaste de ce petit état qui fut si longtemps un des premiers de l'Europe par ses flottes et par sa politique. Le contraste avec la situation présente criait assez haut pour que mon guide, doué de prudence comme tous les Italiens, eût besoin de le mettre en saillie. J'avoue que, ne me sentant pas tenu à la même réserve, je laissai deviner plus d'une fois les sentiments qui m'agitaient. Ce ne fut jamais sans m'attirer un signe de mécontentement de mon Cicerone, qui me désignait, du coin de l'œil, un louche personnage marchant à quelque pas derrière nous.

La défiance italienne n'était que trop fondée. Le lendemain matin, mon maître d'hôtel me remettait mon passeport avec un visa de départ dans les 24 heures. Naturellement, j'eus hâte d'aller trouver mon jeune avocat, pour lequel seul je pouvais craindre. Un fur de police venait de tout bouleverser chez lui. Nous nous embrassâmes avec émotion, et nous n'étions pas loin de croire que nous avions conspiré ensemble. Comme je lui répétais avec émotion mes vœux ardents pour la délivrance et la grandeur de Venise : *Tempi passati,* me dit-il avec une inoubliable expression de douleur et de fierté, *altri tempi* !

Nous nous étions bien promis de nous écrire et je pris même note d'une adresse à

Padoue qui devait servir à dépister la police.
Malgré cette précaution, ni mes lettres ni les
siennes ne sont jamais arrivées. — J'appris,
peu d'années après, en revenant sur les
bords du grand canal, que ce vieil ami de
huit jours avait été du nombre des patriotes
qui ne voulurent pas accepter la paix de Villa-
franca, par laquelle Venise était laissée sous le
joug de l'Autriche, et qu'il se fit tuer à cette
époque dans une échauffourée populaire.

C'est en souvenir de cet *altri tempi* que ce
volume s'est appelé : *Autres Temps*.

Bollène (Vaucluse), 20 avril 1893.

AUTRES TEMPS

NICOLAS BERGASSE

PUBLICISTE

AVOCAT AU PARLEMENT DE PARIS, DÉPUTÉ DE LYON
A L'ASSEMBLÉE CONSTITUANTE

Né à Lyon en 1750, mort à Paris en 1832

Le nom de Nicolas Bergasse, inscrit en tête de cette biographie politique, n'est sans doute absolument nouveau pour personne. Et cependant, qui pourrait dire à première vue pourquoi il est resté dans la mémoire des hommes? Qui saurait rappeler comment il avait acquis, à la fin du dernier siècle, une célébrité dont retentissent tous les récits contemporains? Avocat au parlement de Paris dans ces années de crise sociale où les grandes causes criminelles devenaient bon gré mal gré des causes politiques, comme s'il n'y avait eu pour l'opinion qu'un

"

seul tribunal, l'opinion elle-même, et qu'un seul accusé, l'ancien régime ; député du tiers-état de Lyon à la Constituante, membre remarqué de l'assemblée qui inaugura la Révolution, Bergasse, arrivé jeune à la plus bruyante renommée, a passé dans une quasi-obscurité volontaire la seconde et la plus longue partie de son existence. Il m'a donc semblé qu'il y avait autour de cette figure encore assez de rayons pour qu'on ne pût m'accuser de travestir en héros un inconnu, et déjà assez d'ombres pour qu'il ne fût pas inutile d'en faire ressortir les traits principaux.

Puis, comment le cacherais-je ? cet éloquent publiciste de la tradition et de la liberté, cet intraitable ennemi des abus monarchiques et de la licence républicaine, cet athlète obstiné et généreux des droits vaincus avait tout ce qu'il faut pour parler au cœur d'un journaliste indépendant de notre temps. Son rôle m'a séduit bien plus que ses talents, et j'admire son caractère bien autrement que son éloquence.

Mais si j'aborde Nicolas Bergasse avec le respect d'un disciple, c'est en historien sincère que je veux essayer de le faire revivre.

I

La Saint-Thomas à Lyon avant 1789. — Installation du Prévôt des marchands et des échevins nouvellement élus. — Fête de l'éloquence. — Le gouverneur de la province, le lieutenant du roi, l'archevêque, l'intendant, messieurs de l'Église, le procureur général de la cité, les officiers du Présidial, les principaux dignitaires de la Ville et de la province, les magistrats du commerce, délégués des corporations ouvrières, la royale Académie de Lyon, invités et reçus à l'hôtel de ville par les nouveaux échevins. — La grand'-salle. — L'oraison doctorale. — Bergasse, orateur désigné en 1774. — Sujet de son discours. — Son succès. — Festin de la Saint-Thomas, interrompu pendant plusieurs années pour ménager les finances de la ville. — Un petit secrétaire du lieutenant général de la sénéchaussée, applaudissant sa propre éloquence dans la bouche de son patron. — Bergasse part pour Paris. — Premières années du règne de Louis XVI. — Le Mesmérisme défendu par Bergasse. — La Société de l'Harmonie universelle. — Le salon du banquier Kornmann, ami de Bergasse. — Parmi les habitués, Brissot de Warville, Lafayette, Carra, Gorsas, d'Esprémenil, l'abbé Sabatier, Péthion, Clavière, Maximilien Robespierre. — Le comité des Noirs. — Mirabeau et son journal — Mme Kornmann incarcérée sur la demande de son mari et délivrée par l'entremise de Beaumarchais. — Le prince de Nassau-Siegen et le lieutenant de police Lenoir, amis de Beaumarchais. — Violents mémoires de Bergasse pour défendre le mari. — Guerre de pamphlets pendant deux ans. — Popularité de Bergasse, qui, tout en perdant sa cause devant le parlement, l'a gagnée devant le public.

Dans le vieux Lyon, dont il faut se hâter de parler, car bientôt les pierres elles-mêmes n'en parleront plus, il y avait un jour de fête à la fois officielle et populaire, dont aucune réjouissance publique de notre époque ne saurait réveiller le souvenir ; elle s'intitulait naïvement *fête de l'Éloquence*, et ce nom, cher aux Lyonnais, leur rappelait sans doute le temps où les orateurs des 160 nations des Gaules venaient disputer autour de l'autel d'Auguste les palmes promises au beau langage.

C'était le 21 décembre que se célébrait cette solennité toute locale. Ce jour, consacré par l'Église à l'apôtre saint Thomas, était en même temps la fête patronale de l'échevinat. Le dimanche précédent, les maîtres et délégués des soixante-deux corporations d'arts et métiers avaient élu à l'Hôtel-de-Ville les magistrats chargés de gouverner la commune, ou, pour parler le langage expressif du bon sens d'alors, *la communauté*. Le prévôt des marchands et les échevins ainsi nommés devaient être proclamés le jour de la Saint-Thomas. Cette cérémonie, placée sous l'invocation de la religion comme toutes celles de l'ancien temps où l'autorité se montrait au peuple, empruntait à l'esprit municipal, qui se confondait alors avec l'esprit public, je ne sais quel charme naïf des fêtes de famille.

Dès sept heures du matin, la cloche du beffroi appelait tous les citoyens à l'Hôtel-de-Ville. L'immense palais du peuple était aussitôt envahi par la foule qui refluait, joyeuse et turbulente, sur la place des Terreaux et dans les rues adjacentes.

La garde urbaine, composée de deux cents arque-
busiers distribués en différents postes par le capi-
taine de la ville, veillait pacifiquement au maintien d'un certain ordre.

La journée s'ouvrait par une messe d'actions
de grâces célébrée dans la chapelle de l'Hôtel-
de-Ville, où les places du chœur étaient occupées
par les échevins qui sortaient de charge et par
ceux qui allaient y entrer, ceux-ci dans le costume de leur nouvelle dignité, ceux-là en simples robes noires. Les portes de la ville se fer-
maient alors jusqu'à midi, comme pour marquer
que les Lyonnais entendaient rester chez eux ce
jour-là et fêter en famille leurs nouveaux magistrats.

Vers les dix heures, on voyait s'avancer à
travers la foule et s'arrêter devant le perron de
l'Hôtel-de-Ville les carrosses du gouverneur de
la province, du lieutenant du roi, de l'archevêque et de l'intendant. Tout le corps de ville en
robes de cérémonie, suivi de ses *mandeurs*,
sorte de licteurs attachés à la dignité consulaire
du prévôt des marchands, se portait à la rencontre de ces illustres invités. L'étiquette, d'accord avec la hiérarchie, voulait que le gouverneur et le lieutenant du roi fussent reçus à la
portière de leurs voitures, l'archevêque en haut
du perron, et l'intendant sur le pas du premier
vestibule. Venaient ensuite Messieurs de l'Église
conduits par leur doyen, puis les officiers du

présidial en robes rouges, précédés de leurs huissiers portant la masse. Debout au pied du grand escalier, les nouveaux échevins recevaient les saluts de tout le cortège qui défilait devant eux : dignitaires du clergé de la ville et de la province, magistrats du commerce, délégués des corporations ouvrières, membres de la royale Académie des sciences et belles-lettres et de la Société des arts, invités de marque parmi lesquels un grand nombre de dames qui se paraient pour ce jour des plus riches produits de la fabrique lyonnaise, chacun était conduit par les mandeurs à des places désignées dans la grand'salle. A chaque introduction solennelle, les hautbois et les trompettes éclataient en fanfare joyeuse. Êtes-vous curieux de voir cette grande salle de l'Hôtel-de-Ville où se sont tenues pendant tant de siècles les fécondes assises de la liberté municipale? Entrons-y pour un instant, d'autant plus que, si je ne me trompe, nous avons chance d'y rencontrer Nicolas Bergasse.

Sous un dais drapé de riches étoffes, à droite de la porte principale, pendaient les portraits du roi et de la reine. Des deux côtés du trône, et à hauteur égale, des fauteuils attendaient le gouverneur, le lieutenant du roi, l'archevêque et les gens d'Église. Au bas de l'estrade, les échevins anciens et nouveaux se mêlaient, sans distinction de place, à la foule de leurs invités, comme il convient à des magistrats électifs qui

font les honneurs de leur Hôtel-de-Ville aux
représentants du pouvoir central. C'est dans ce
parterre qu'il fallait chercher M. l'intendant de
la province, modeste embryon du préfet moderne, doué, il est vrai, de moins de droits
que de prétentions, mais déjà remuant, envahis-
seur, vivant difficilement d'accord avec les
autorités urbaines dont il contestait d'instinct
les privilèges au profit de l'État, et tenant avec
hauteur son humble rang un peu en avant des
bancs à dossiers où s'asseyaient les officiers
du présidial.

La chaire où devait monter l'orateur se dressait en avant de la cheminée. A ses pieds, les
mandeurs déroulaient sur une table l'immense
parchemin contenant le procès-verbal de l'élection, avec les signatures et le cachet de tous ceux
qui y avaient pris part. Les officiers et commis
du consulat, rangés le long de la table, semblaient faire bonne garde autour de cet acte
authentique du vœu populaire. A leur tête, la
foule se montrait avec faveur le procureur général de la cité ; fonctionnaire qui n'avait de
commun que le nom avec celui qui porte le même
titre aujourd'hui, car un acte consulaire du 14 décembre 1577 ne craint pas de le comparer aux
tribuns du peuple de l'ancienne Rome. Ce n'é-
tait en réalité que l'avocat de la ville, exerçant,
au nom de la communauté, un véritable ministère public, et prenant envers et contre tous, et

d'abord contre les consuls, l'intérêt des administrés, mais recourant trop volontiers à l'aide intéressée de l'intendant, et dont les rois, non moins habiles que les Césars, surent peu à peu tourner à leur profit l'influence démocratique.

Ce magistrat populaire était allé le matin prendre à son domicile le jeune avocat désigné par le consulat pour prononcer l'oraison doctorale ; elle devait lui avoir été préalablement communiquée. Une fois tout le monde en place, les mandeurs introduisaient cérémonieusement l'orateur. Debout et en robe dans la chaire, il s'adressait tout d'abord, avec de profonds saluts, au roi, à la reine et aux principaux personnages et corps constitués qui assistaient ou étaient censés assister à l'assemblée. *Rex christianissime, Regina christianissima*, devait-il dire, comme si ces augustes personnages étaient présents ; puis, ayant brièvement exposé en latin le sujet de son discours, il le prononçait en français et le terminait invariablement par autant de compliments particuliers qu'il y avait eu d'apostrophes au début. L'Académie de Lyon, à qui l'on réservait alors une place d'honneur dans toutes les fêtes, avait sa harangue finale, ni plus ni moins qu'une tête couronnée. Après le discours, qui était tantôt le panégyrique de quelque puissant personnage mort dans l'année, tantôt une étude d'intérêt local, le plus souvent une thèse de Sorbonne sur un point de morale

et de philosophie, les noms des nouveaux échevins étaient proclamés par le secrétaire de la ville.
Puis on passait, au bruit des applaudissements,
dans la salle du festin. Là commençait véritablement la royauté du jeune docteur. Assis à la
place d'honneur, il avait, à ses côtés, le gouverneur et l'archevêque, et jouissait jusqu'à la fin du
jour de toutes les prérogatives du prévôt des
marchands. C'est à lui qu'on vénait demander
le mot d'ordre de nuit pour la garnison ; c'est lui
qui réglait le spectacle du soir, où il assistait
en grande pompe dans la loge officielle. Plus
d'une fois, quelque obscur délinquant mis en liberté, quelque pauvre infirme admis par faveur
dans une des maisons de refuge de la ville mêlait son cri de reconnaissance à l'allégresse publique. Heureux règne, qui ne durait que quelques heures ! Touchant triomphe de la parole
dans une cité où l'art oratoire est resté de tradition populaire, et qui devait prendre sa glo-
rieuse part à cette autre fête de l'éloquence que
la France monarchique s'est donnée pour gouvernement pendant quarante années !

Ne manquerait-il pas un trait à ce tableau des
mœurs d'un autre temps, si j'oubliais de rappeler
que le joyeux et solennel festin du 21 décembre
fut supprimé pendant de longues années par la
naïve raison que, les finances de la ville n'étant
plus en équilibre, « il importait, dit le manuscrit
de la bibliothèque Coste, auquel j'emprunte ces

1.

détails, que les deniers communs fussent employés à l'acquittement des dettes de la communauté préférablement à toute autre dépense, sauf à rétablir le repas quand les charges de ladite communauté n'excéderaient plus ses revenus (1) »?

Telle était cette journée du 21 décembre, qui fut, depuis l'origine de la commune lyonnaise jusqu'en 1789, comme le décor populaire des franchises municipales, et qui a dû disparaître avec elles. La Saint-Thomas n'en reste pas moins un des meilleurs souvenirs du vieux Lyon. Il y a pour les villes comme pour les familles des traditions qui obligent et des dates qui sont des titres de noblesse.

C'est au milieu d'une de ces solennités patriotiques et littéraires que nous rencontrons pour la première fois Nicolas Bergasse, orateur de le ville en 1774. Il était né à Lyon, dans l'année qui marque le milieu du dix-huitième siècle, d'une famille qui revendique d'illustres origines en Espagne, et qui, établie avec distinction depuis deux cents ans dans le comté de Foix, venait de transplanter un de ses rameaux dans la métropole commerciale du Midi, pour essayer de relever sa fortune par le négoce. La réputation avait commencé pour lui dès le collège, où M. de Montazet, l'archevêque académicien, lui avait prédit publiquement de brillantes destinées. La

_____

(1) *Cérémonial public de Lyon* (collection Coste).

disette de professeurs était si absolue à cette date, qui est celle de l'expulsion des jésuites, qu'à peine âgé de dix-huit ans le jeune Bergasse était envoyé à Auch et à Condom pour enseigner la rhétorique et la philosophie, qu'il venait d'apprendre. Rentré à Lyon, où il avait pris ses grades dans le barreau, Bergasse était désigné par la faveur publique pour faire à ses compatriotes les honneurs de la prochaine Saint-Thomas.

Le sujet qu'il choisit, et surtout la façon dont il le traita, prouvent que le jeune docteur avait contracté dans sa chaire l'habitude de viser haut et de chercher la lumière, même au risque de ne rencontrer que les nuages. « Quelles sont, se demandait-il, les causes générales des progrès de l'industrie et du commerce? Quelle a été leur influence sur l'esprit et les mœurs des nations?» C'était, on le voit, tout un traité d'économie politique que l'orateur de l'échevinat aurait pu placer sous ce titre. Nous n'y avons trouvé qu'une dissertation trop souvent vague et déclamatoire dans son éloquence, où l'élève inexpérimenté des écrivains à la mode se trahit en plus d'un passage. Sur l'homme primitif, sur l'origine de la propriété, sur le contrat d'où serait sortie la société, sur tous les points capitaux de la science et de l'histoire, il est facile de noter au passage les sentences de d'Holbach, les théorèmes d'Helvétius, les rêveries de Jean-Jacques. Entre la liberté de l'âge anté-social et l'oppression civilisée, c'est-à-dire entre l'état sauvage et la civilisation, qui vaut le mieux? Le jeune et naïf orateur déclare ne pas oser se prononcer. Seulement, comme il fallait retomber du haut de ces abstractions dans le réel et passer des forêts du *Contrat social* au Lyon du dix-huitième siècle, son discours se termine par l'heureux tableau de sa ville natale, pleine d'ateliers et de magasins, mais pleine aussi des monuments des arts et des fondations de la charité: preuve sans réplique, concluait-il, que l'industrie, mère des connaissances et de la fortune, n'est pas l'ennemie du beau et de la vertu.

Cette oraison doctorale, qui fut le premier succès de Bergasse, n'était pas cependant sa première œuvre. Deux années avant la Saint-Thomas que nous venons de raconter, le lieutenant général de la sénéchaussée de Lyon avait prononcé, à la rentrée du présidial, une mercuriale *sur l'honneur*, qui mérita d'être remarquée. On avait applaudi avec transport cette belle définition de l'honneur dans le magistrat : « Toute influence dont il ne s'affranchit pas l'empêche d'être, toute obéissance que lui-même il ne s'est pas commandée le détruit, et afin que l'autorité ne lui fasse pas entendre un langage inutile, il faut que dans les lois qu'elle lui impose il ne reconnaisse que ses propres maximes, il faut que, dans les devoirs qu'elle lui prescrit, il ne découvre rien qui offense sa superbe délicatesse

et qui blesse même légèrement sa fière et difficile sévérité. » Nobles accents sous tous les régimes, n'est-ce pas? mais nobles et courageux
comme une protestation sous le triste régime
des parlements Maupeou !

L'année suivante, et dans une circonstance
identique, le même magistrat abordait avec une
intrépide éloquence la question, alors à l'ordre
du jour, de l'humanité des juges dans l'administration de la justice criminelle. Aimer les
hommes, telle était, d'après ce rare représentant
de la vindicte publique, la vraie garantie de les
bien connaître et de les bien juger. Le premier
vice dont doit se défendre celui qui est appelé
à rendre la justice vient de l'habitude même de
la rendre : c'est cette insensibilité paresseuse qui
lui permet l'inattention et l'indifférence dans
l'accomplissement de son redoutable office ; c'est
cette légèreté meurtrière qui le porte à ne voir
dans les accusés que des coupables. Que d'autres
sources d'erreurs dans sa propre imagination
éprise du merveilleux et toujours disposée à
croire l'incroyable, surtout en fait de crimes !
Langlade, Lebrun, Calas, Sirven, Montbailly,
chacun de ces innocents condamnés venait de
subir la peine d'un forfait presque aussi chimé-
rique par son atrocité que par l'erreur reconnue
de l'accusation. Mais si le juge doit se méfier
des entraînements de la prévention dans les
causes dites célèbres, combien plus encore dans

les causes de tous les jours, quand le crime se présente à lui sous sa livrée ordinaire de misère et de honte ! Il est curieux, à ce propos, d'entendre un magistrat de l'ancien temps se permettre des accents qui ne pourraient être répétés de nos jours sans être taxés au moins d'imprudence. « Écoutez la voix du pauvre, s'écriait le lieutenant général de la sénéchaussée de Lyon en 1773, ayez pour lui quelque pitié. Qu'a-t-elle fait pour moi cette société qui se venge cruellement aujourd'hui? La haine du vice est facile sans doute à ceux qui, dans des conditions plus heureuses, n'ont pas à redouter les conseils affreux de la nécessité. Mais moi, que l'opinion publique avilit, moi que le puissant, moi que le riche écrasent du poids de leur orgueil ou de leur fortune, hélas ! à moins qu'une providence particulière ne me soutienne, qu'ai-je à faire bien souvent qu'à choisir entre les actions criminelles vers lesquelles une désespérante destinée m'entraîne?... »

Cette fois, les applaudissements des Lyonnais allèrent retentir au delà du ressort du présidial. Servan, alors au début de sa renommée, les entendit de Grenoble, et trouva même que le ton des deux dernières mercuriales de son confrère de Lyon semblait être un peu au-dessus de la note dans laquelle il s'était tenu jusque-là. L'avocat général au parlement de Grenoble n'en écrivit pas moins au lieutenant général de la sénéchaussée lyonnaise pour le féliciter sur ses hautes inspirations et son grand style. L'honnête magistrat confessa sans détour qu'il avait dans ses bureaux un petit secrétaire qui annonçait de grandes dispositions pour le style oratoire. Ce petit secrétaire, on l'a deviné, n'était autre que Nicolas Bergasse ; et l'on put désormais vanter sa précoce éloquence sans accuser sa discrétion, car on l'avait vu, à l'audience, applaudissant gravement ses propres périodes dans la bouche de son patron.

Désigné dès lors à toute la faveur de ses compatriotes, le jeune orateur du présidial et de l'Hôtel-de-Ville rêva la célébrité et ne tarda pas à partir pour Paris, qui était déjà en possession de la décerner à l'exclusion de la province.

Grand et décisif moment, que ce dernier quart du dix-huitième siècle où l'on entrait alors ! Cette période de vingt-cinq années, où la Providence devait entasser tant d'événements inouïs et funestes, commençait par une idylle. Le 10 mai 1774, Louis XVI et Marie-Antoinette, jeune couple innocent des longues ignominies de la Régence et du règne qui en était sorti, avaient succédé à Louis XV aux applaudissements de la France et de l'Europe. On a dit qu'en apprenant la mort de leur aïeul, qui les appelait à la couronne, ce roi et cette reine de vingt ans tombèrent à genoux en s'écriant : « Mon Dieu, protégez-nous, nous régnons trop jeunes ! »

Premier cri d'angoisse au pied du trône que les infortunées victimes de la Terreur durent se rappeler quelques années plus tard, au pied de l'échafaud ! En attendant, la justice refleurissait dans l'administration, l'honnêteté dans la vie sociale ; les anciens parlements remontaient sur leurs sièges livrés par le chancelier Maupeou à des magistrats de coup d'État ; les mœurs publiques, comme l'avait osé dire Bergasse dans son discours de l'Hôtel-de-Ville, étaient vengées par de hautes disgrâces ; l'ère des réformes s'élaborait sous l'impulsion de Malesherbes et de Turgot. Avec un jeune prince bon, honnête, travailleur, ouvert par les meilleurs côtés de son cœur et de sa raison aux influences nouvelles ; avec une reine en qui la beauté et la grandeur s'alliaient aux qualités les plus généreuses, quelle popularité ne pouvait se promettre le nouveau règne? C'était le moment où Voltaire, arrivé au bout de sa longue carrière, écrivait à Mme d'Épinay : « Si Louis XVI continue, il ne sera plus question du siècle de Louis XIV ; heureux ceux qui ont vingt ans et qui goûteront les douceurs de son règne ! »

Bergasse était du nombre de ces heureux qui devaient goûter les douceurs des dernières années du siècle de Voltaire. A son arrivée à Paris, il vit tomber, à un mois d'intervalle, les deux rois de l'opinion, l'un dans l'ivresse d'un dernier triomphe de théâtre, l'autre dans le mystère inexpliqué d'une mort tragique et solitaire comme sa vie. En disparaissant de l'horizon, ces deux astres y laissaient, dans la trace de leur lumière, les premières flammes de l'incendie qui allait tout dévorer. Le fameux refrain qui a fait sourire nos pères :

> C'est la faute de Voltaire,
> C'est la faute de Rousseau.

n'est que la vérité historique mise en chanson. Le dix-huitième siècle pourrait être représenté comme un Janus à deux faces, l'une avec le *rictus* du railleur de Ferney, l'autre avec la sombre exaltation du rêveur de Genève. Hélas! ni l'une ni l'autre n'annonçait la paix aux inquiètes générations qui recueillaient leurs oracles.

Aussi bien, n'est-ce pas la paix qu'on demandait alors. La guerre était dans l'air ; on ne rêvait que réformes philosophiques, innovations généreuses, reconstructions impossibles après de formidables écroulements ; on démolissait chaque jour une société vieillie et gorgée d'abus, mais pour la rebâtir dans les nuages. Comme ces ballons qu'on venait d'inventer et qui se perdaient sans direction dans les airs, l'esprit du temps montait d'un essort impétueux vers l'idéal et ne savait pas redescendre vers le monde réel. La perspective de l'égalité naturelle ouverte tout à coup devant un peuple échappé d'hier à la domination féodale en se réfugiant sous le sceptre de la monarchie absolue, n'y avait-il pas là de quoi exalter les meilleures têtes et aveugler les plus fermes regards? Comme il arrive à toutes les époques marquées pour de suprêmes bouleversements, l'opposition s'en prenait à la forme sociale plutôt qu'au gouvernement lui-même. Aussi ne s'appelait-elle pas l'opposition, elle s'appelait la philosophie, et régnait sur la France comme le Vésuve règne sur la campagne de Naples, sans se douter ni de la puissance de destruction ni de la vertu fécondante qu'elle cachait dans ses flancs. Qu'importait, je le demande, à l'homme primitif des philosophes, qu'on nous montrait errant libre et solitaire dans le monde inhabité, vêtu de peaux de bêtes, se nourrissant de fruits cueillis dans les bois, se désaltérant au premier ruisseau, s'abritant au fond des cavernes, qu'importait, dis-je, à cet être impossible de savoir qui était roi, prince ou ministre ? Le gouvernement n'eût-il pas semblé bien malavisé de se croire intéressé en de si chimériques hypothèses ? On rêvait, on raisonnait, on déclamait par-dessus sa tête, et lui-même prenait plaisir à regarder passer le météore sans se douter qu'un choc fût possible à une si énorme distance.

Pendant que la politique remontait ainsi jusqu'aux sources de l'absolu, la science tentait d'envahir le domaine de l'infini. Retrouver le texte du prétendu contrat social, proclamer les principes oubliés de la théorie des gouvernements et des lois, ce n'était pas assez : on aspirait à découvrir la loi d'harmonie universelle qui règle le mouvement de la vie dans les corps, le mouvement de la pensée dans l'esprit, le mouvement des mondes dans la création. Le magnétisme, les sciences occultes, les associations maçonniques étaient alors au début de leur éphémère popularité. Pour quelques flottantes lueurs entrevues dans ces plaines brumeuses qui forment la limite du monde invisible, on avait cru à une aurore, et l'on s'était mis en marche sans regarder derrière soi. Mesmer et Cagliostro, un illuminé et un escamoteur, sont restés, on a honte d'en convenir, parmi les noms politiques du dix-huitième siècle.

Bergasse, qui avait respiré le mysticisme dans ce grand foyer de Lyon, dont la propagande atteignait alors jusqu'en Allemagne et en Russie (1), prit avec l'ardeur de son âge la défense du mesmérisme contre le rapport de l'Académie des sciences, qui venait de le condamner. Si son livre n'attira pas tout d'abord sur lui l'estime des savants dont il cassait témérairement les arrêts, il lui valut du moins les vives sympathies de ceux dont il épousait la cause. En attendant les triomphes de l'éloquence, le jeune avocat

(1) Louis Blanc, *Histoire de la Révolution*, t. I ; — Clavel, *Histoire de la Franc-Maçonnerie*.

devint un des dieux du baquet magnétique. Une société de l'Harmonie universelle fut créée à Paris, dont Bergasse devint le membre le plus influent (1).

C'est à propos de son ouvrage sur le mesmérisme, qui est encore cité de nos jours dans tous les traités spéciaux, que le nom de Nicolas Bergasse paraît pour la première fois dans les mémoires du temps. La maison du banquier Kornmann, lié d'intérêts avec ses frères, lui offrit tout de suite ce cercle d'admirateurs et au besoin de protecteurs influents, si nécessaires aux réputations naissantes. Brissot, le chef futur de la Gironde, qui ne se faisait appeler alors que M. de Warville, raconte qu'épris des nouveautés de Mesmer il demanda à être présenté à l'écrivain philosophe qui venait de se placer à la tête de cette science du merveilleux (2). « Vous croyez trouver un savant, répondait Bergasse; vous ne trouverez qu'un homme simple et bon qui cherche la vérité dans son cœur. » « Quelques femmes d'esprit, ajoute Brissot, plus amou-

______

(1) Le but de cette association était de créer des hommes « assez spiritualisés pour magnétiser par la grâce divine, par la force de la foi et de la volonté ». Le discours d'inauguration prononcé par Bergasse a été recueilli dans ses *Discours et Fragments* publiés en 1808. (Paris, chez veuve Dufresne, près le Palais-de-Justice.)

(2) Le livre de Bergasse est intitulé : *Considérations sur le magnétisme animal ou sur la théorie du monde et des êtres organisés d'après les principes de M. Mesmer.* (In-8 de 149 pages.)

reuses de sa réputation que de lui, l'idolâtraient;
des partisans du mesmérisme, qui avaient besoin
de soutenir son échafaudage pour soutenir leur
secte, l'encensaient comme le Grand-Lama (1). »
Une étroite sympathie lia bientôt ces deux hommes, dont l'un avait écrit une théorie des lois
criminelles, et l'autre avait publié à Paris son
discours sur l'humanité des juges. Les illusions
du magnétisme n'étaient pas faites pour les abu-
ser longtemps. Ils échangèrent bientôt les secrètes pensées qui couvaient alors dans toutes
les âmes. On sentait venir la Révolution comme
on entend, du haut des falaises de Normandie,
monter d'heure en heure le bruit de la mer. Ce
n'était pas au mesmérisme, c'était à la Liberté ,
écrivait Bergasse à son ami, qu'il s'agissait d'é-
lever un temple.

Les salons de ce temps ne ressemblaient déjà
plus aux salons du dernier règne. L'esprit public avait changé comme change un adulte devenu homme fait. On dogmatisait toujours
comme d'Alembert, on déclamait comme d'Holbach, on riait comme Diderot; mais ce n'étaient
plus les maîtres qui tenaient le devant de la
scène, c'étaient les élèves de l'*Encyclopédie*,
se sentant plus près des réalités et du succès,
plus journalistes que savants, plus enclins aux

____

(1) *Mémoires historiques et curieux de Brissot sur ses contemporains et la Révolution française*, publiés par Anacharsis
Brissot, son fils. (Paris, chez Ladvocat, 1832.)

querelles de la politique courante qu'aux spécu-
lations de la philosophie pure. La maison du
banquier Kornmann est signalée dans les mémoires du temps comme un des quartiers généraux de cette armée de l'opinion qui marchait
à l'assaut de l'ancien régime. On y rencontrait,
à côté de Bergasse, qui logeait sous le même
toit que son ami, et de Brissot, fameux dans
le petit cénacle pour avoir visité, par amour de
la liberté, l'Angleterre, les États-Unis et même
la Bastille : Lafayette, déjà populaire pour sa
campagne d'Amérique, comme devait l'être au
douzième siècle un héros de retour des croisades; Carra et Gorsas, qui se préparaient à la
liberté prochaine des journaux par la licence
des pamphlets ; d'Esprémenil, en train de se
compromettre au parlement contre la cour en
attendant de s'illustrer à la Constituante contre
les ennemis du trône ; l'abbé Sabatier, autre
violent parlementaire, plus influent sur ses collègues que considéré dans le public ; Péthion
de Villeneuve, qui devait être le triste maire de
Paris du 10 août ; Clavière, son Pylade, financier et Genevois comme Necker, futur ministre
de la Révolution comme Péthion, esprit fertile
en vues pratiques, en idées nouvelles, mais
inhabile à les produire au jour, et que Mirabeau,
qui lui dut ses premiers succès comme écono-
miste, se flattait de savoir seul accoucher. N'oublions pas de citer, parmi les visiteurs d'occa-

sion de ce salon politique, un jeune avocat de l'Artois, élevé à l'université de Paris par la générosité d'un prélat, et qui ne se doutait pas alors qu'il dût ajouter à la liste des tyrans contre qui s'élèvera éternellement le cri du sang innocent, le nom profondément ignoré de Maximilien Robespierre. Époque vraiment terrible et grandiose, faite pour consterner et pour séduire, dont il faut haïr les crimes et regretter les espérances ! De tous ces noms, pas un qui ne fût promis à la célébrité ; de toutes ces têtes, pas une qui ne fût vouée à la proscription ou à l'échafaud.

Ce que nous pouvons savoir des conversations échangées entre ces personnages jette un trait de lumière sur les années qui ont préparé 89. Il avait là le parti de la monarchie constitutionnelle, le parti de la république, le parti du parlement. Cette dernière opposition, qui occupait seule la scène en ce moment, était aussi la plus irréconciliable et la plus osée. La grand'chambre et Versailles en étaient venus à ne plus procéder, l'une que par refus d'enregistrement, l'autre que par lits de justice, et d'Esprémenil s'oubliait jusqu'à dire à la table de Kornmann qu'il fallait *débourbonnailler* la France. Le chef futur des Girondins, qui a écrit ses mémoires dans la prison de l'Abbaye entre la journée du 31 mai et l'immolation du 31 octobre 1793, s'est vanté d'avoir osé prononcer dès ce moment le mot de république. Clavière seul, en digne citoyen de Genève, lui faisait écho. Quant à Bergasse, il exposait, avec l'éloquence apprêtée qui lui était propre, la thèse de Montesquieu sur la monarchie à trois pouvoirs distincts et limités les uns par les autres. Le roi inviolable, des ministres responsables, une chambre des communes à l'élection et une chambre des pairs au choix du roi ; l'affranchissement des municipalités et des provinces enlacées déjà dans les liens d'une centralisation qui s'essayait ; la dignité du citoyen remise à sa propre garde par la liberté de la presse ; de fortes lois pour garantir l'État, les mœurs, la religion, l'honneur des personnes : tel était dès lors le noble idéal de cette école constitutionnelle à laquelle Bergasse s'est honoré de rester fidèle à travers les épreuves d'une longue vie partagée presque également entre le siècle de Voltaire et le siècle de Napoléon.

J'ai parlé tout à l'heure de Mirabeau ; ses relations avec Bergasse avaient commencé dans le comité des Noirs, fondé par Brissot sur le modèle de celui qui préparait à Londres la grande et chrétienne mesure de l'abolition de l'esclavage. Ce comité avait pour organe un journal intitulé : *Analyse des papiers anglais*, le premier, croyons-nous, qui ait initié notre public français aux discussions et aux libertés qui régnaient déjà de l'autre côté du détroit. Chargé de ce travail, Mirabeau avait obtenu, non sans peine, d'ajouter aux traductions anglaises qu'il ne faisait pas lui-même, le compte rendu sommaire des travaux du comité de Paris. *L'Analyse des papiers anglais* paraissait quand elle pouvait, c'est-à-dire quand il y avait de l'argent à la caisse et que le lieutenant de police n'y voyait aucun mal.

Malheureusement, Bergasse et Mirabeau n'étaient pas faits pour concourir longtemps ensemble à la même œuvre. Plus connu pour le scandale de ses aventures que pour ses travaux économiques, le fils de *l'Ami des hommes*, qui entendait être accepté en entier avec ses vices et sa détestable renommée, ne pouvait plaire à l'austère avocat au parlement. Mirabeau devina d'instinct la répulsion qu'il inspirait à son collègue. Hautains et dominateurs tous les deux, ils en vinrent à troubler de leurs emportements les séances du comité. Bientôt, Bergasse, irrité et dégoûté, céda la place au tribun, comme il devait la lui céder plus tard à la Constituante, et se retira de l'association.

De ce milieu de rêveurs, d'hommes de lettres et de mécontents sortaient incessamment des brochures armées en guerre pour provoquer l'opinion ou répondre à son appel sur les questions les plus diverses. Les eaux de Paris et l'histoire secrète de la cour de Berlin, la banque Saint-Charles et les récits venus d'Amérique, les obscènes pamphlets de Morande et les lourdes dissertations sur le droit criminel, la pièce du jour et le procès à la mode, tout était saisi, commenté, jeté en proie à la fournaise de l'opinion. On vit alors, comme nous l'avons vu à la veille de toutes les catastrophes, l'esprit public revêtir toute chose de sa préoccupation, et les affaires portant les plus irrécusables caractères d'affaires privées devenir des affaires publiques.

L'orgueilleux banquier, qui sacrifiait une partie de sa fortune à l'ambition de jouer un rôle dans la crise qui s'annonçait, fut le triste héros d'une de ces aventures passées du huis-clos du foyer au retentissement de la rue. Mme Kornmann, inaccessible aux séductions de la politique, ne l'était pas, à ce qu'il paraît, à celles de la galanterie. Le désordre de sa conduite devint assez public pour que son mari, usant, avec la brutalité d'un Allemand, des expédients de la législation de l'époque, obtînt contre sa femme une lettre de cachet et la fît renfermer. Mais il faut croire que les murailles de sa prison n'étaient ni sombres ni bien gardées, car la belle recluse sut intéresser à son sort les personnages les mieux placés pour lui ouvrir la porte. Caron de Beaumarchais, célèbre par sa vaillante lutte contre la vénalité du parlement Maupeou, se mit à la tête d'une ligue qui avait juré de délivrer cette charmante Rosine incarcérée par un farouche Bartholo. Figaro sut si bien mettre en jeu tout son art pour l'intrigue que Versailles s'émut aux infortunes de sa protégée, et que M. de Breteuil, qui, depuis la destitution de M. de Sartine, gérait avec bienveillance le département des lettres de cachet, rendit la liberté à Mme Kornmann, et lui assigna pour domicile la demeure d'un chirurgien ami de Beaumarchais. Outré d'une grâce qui condamnait sa sévérité sans réparer son honneur, le mari s'adressa au Châtelet pour obtenir que l'épouse infidèle fût condamnée à réintégrer sa prison, ou tout au moins le domicile conjugal.

On voit assez quels délicats ménagements une telle cause imposait à l'avocat du mari. Ne pas disculper entièrement sa femme était nécessaire, puisqu'il avait réclamé contre elle la faveur exceptionnelle d'un ordre du roi ; mais ne pas la charger outre mesure était prudent, puisqu'on la redemandait chez soi. Entre l'odieux d'avoir été trop sévère en commençant et le ridicule de se montrer trop facile en finissant, le défilé, il faut en convenir, était étroit. En outre, il y avait malheureusement une dot de 350.000 francs que le banquier gardait dans sa caisse tant qu'il tenait sa femme sous les verroux, et qu'il devrait lui restituer dès qu'elle aurait obtenu de vivre séparée de lui.

Tel était, en effet, le but que poursuivaient hautement Beaumarchais et ses amis. Ceux-ci se serraient, nombreux et puissants, autour de lui, à n'en juger que par l'intitulé du premier écrit de Bergasse dans la cause de son ami : *Mémoire sur une question d'adultère, de séduction et de diffamation pour le sieur Kornmann contre le sieur Daudet de Jossan, le sieur Caron de Beaumarchais et M. Lenoir, conseiller d'État, ancien lieutenant général de police.* Le mémoire accusait Daudet de Jossan de séduction, Beaumarchais de diffamation, et l'ancien lieutenant de police d'avoir abusé de son pouvoir pour servir les viles passions de ces deux personnages. A ces noms déjà protégés par de redoutables attenances vint bientôt s'en joindre un autre qui les dépassait tous en importance : c'était celui du prince de Nassau-Siegen. A lui seul ce nouvel antagoniste de Bergasse, qui avait rapporté de ses campagnes d'Afrique contre les bêtes féroces le surnom de *Dompteur de monstres,* valait toute une armée.

Brave jusqu'à l'extravagance, sans États, mais non pas sans dettes ; ayant failli enlever Gibraltar aux Anglais par un coup de main d'une audace sans pareille, mais n'ayant jamais su s'affranchir des recors qui se multipliaient sous ses pas comme par miracle ; fuyant ses créanciers jusqu'au fond de la Pologne, où il faisait jouer entre deux batailles *le Mariage de Figaro* par la haute aristocratie de Varsovie ; passant du service de Stanislas-Auguste au service de Catherine ; allant guerroyer à outrance contre les Turcs et les Suédois ; écrivant un soir de victoire à son ami Beaumarchais de lui envoyer ses armes de luxe engagées avant son départ au mont-de-piété, et recevant pour toute réponse l'outrageante nouvelle que l'armurier, qu'on avait oublié de payer, s'opposait à les laisser partir; paladin doublé de Figaro, héros mêlé de bohémien, don Quichotte qui avait lu *Gil Blas*; remplissant de son nom les gazettes étrangères et les grimoires des procureurs au Châtelet; traînant sa gloire dans les ruelles et son nom dans les plus misérables intrigues, la vie du prince de Nassau suffirait à défrayer un roman héroïque, comme on disait autrefois, ou réaliste, comme on dirait aujourd'hui (1). Beaumarchais s'était fait le ministre des finances de ce prince sans sujets qui avait des fantaisies d'empereur asiatique. On devine que s'il lui rendait des services de plus d'un genre, Figaro, devenu grand commerçant maritime, savait profiter pour son propre crédit de cette éclatante renommée.

Eût-il été sans alliés, Beaumarchais passait, d'ailleurs, non sans raison, pour un de ces ennemis qu'il est téméraire de braver. Le brillant pamphlétaire qui avait obtenu justice du roi contre le parlement Maupeou, l'auteur d'une comédie défendue à la ville et jouée en cachette à la cour, semblait avoir peu à s'inquiéter des attaques d'un avocat dont le nom était à peine

---

(1) Voir pour ces détails la curieuse étude de M. de Loménie intitulée : *Beaumarchais, sa vie, ses écrits et son temps*.

2.

connu à la grand'chambre. L'étonnement fut
donc extrême quand on vit Bergasse débuter par
s'attribuer la victoire avant de combattre, et
montrer son adversaire confondu avant de lui
avoir donné le temps de riposter. Mais ce fut
bien pis quand il fut démontré par les réponses
de Beaumarchais que l'obscur commensal de
M. Kornmann avait eu en effet facilement raison
du spadassin littéraire qui venait de passer au fil
de sa plume le conseiller Goëzman et le traître
Clavijo. Soit que l'assurance de ce nouveau joû-
teur l'eût démonté, soit qu'il eût senti l'iniquité
de la cause qu'il soutenait, il est certain que
Beaumarchais resta fort au-dessous de lui-même,
et que cette polémique, violente et diffamatoire
des deux côtés, ne fut éloquente que du côté de
Bergasse. Je ne sais si ce fut là, comme on le
disait trop alors, le triomphe de la vertu sur le
vice, mais ce fut évidemment le triomphe de
la considération sur une réputation équivoque.
Beaumarchais, qui n'était qu'un intrigant de
génie affamé de renommée et de fortune, passait
pour s'être rendu coupable des plus noirs for-
faits. On conviendra que l'avocat de Kornmann
avait beau jeu pour accabler de son mépris un
adversaire qu'une rumeur injuste accusait d'a-
voir fait périr sa femme et son beau-père afin
d'en hériter. Peut-être même dépassait-il le ton
du pamphlet quand, pour répondre à une basse
calomnie de Beaumarchais, il s'écriait, dans un

tour de phrase énergique et nouveau : *En vérité, cet homme-là sue le crime !* Mais le mobile inspirateur de Bergasse, ce ne fut ni la violence de ses sentiments contre l'indigne écrivain qui prenait la défense de l'injustice, ni son amitié très vive toutefois pour Kornmann ; son mobile principal fut le sentiment élevé et généreux du citoyen qui croit remplir, au péril de sa vie, un devoir envers sa patrie. Le procès de lord Hastings, accusé devant le parlement d'Angleterre d'avoir été le Verrès des Indes, faisait retentir à ce moment en Europe l'éloquence incomparable de Burke, de Fox, de Sheridan. Nul doute que Bergasse n'ait voulu jouer ce grand et périlleux rôle de procureur général de l'opinion publique contre de puissants criminels. Des centaines de brochures échangées entre les deux camps attestent le caractère d'intérêt général qu'il sut donner à cette cause. Pendant deux années entières, de 1787 à 1789, le procès Kornmann fut la grande affaire, non seulement du Palais, où les incidents se multipliaient, mais des cercles, des salons, des cafés, de la cour elle-même, qui se divisait entre Bergasse et Beaumarchais. Aussi l'histoire de ce démêlé se confond-elle avec l'histoire même de cette période agitée et décisive.

II

Lutte des parlements contre la royauté. — Calonne contrôleur général des finances en 1784. — Assemblée des Notables en 1787.— Les huit Mémoires de Calonne.— Son refus d'imiter M. Necker en donnant le compte-rendu de sa propre gestion. — Sa chute et son remplacement par Loménie de Brienne. — Le parlement de Paris accepte les réformes de Calonne adoptées par les notables, mais refuse, comme eux, l'égale répartition de l'impôt territorial et en appelle aux États généraux. — Lit de justice. — Les membres du parlement exilés pour 2 mois à Troyes. — A leur retour, le gouvernement s'engage à convoquer les États généraux dans cinq ans. — Edit du 8 mai 1788, qui supprime les parlements et organise à nouveau l'administration de la justice. — Partisans et adversaires de cette mesure. — Les tribunaux inférieurs s'y montrent hostiles. — Les avocats refusent de plaider. — Déclaration violente de Bergasse.— Après 4 mois d'agitation révolutionnaire, Loménie et Lamoignon cèdent la place à Necker et de Barentin. — Le parlement reprend ses séances le 24 septembre 1788.

En attendant de plus dangereux ennemis, les parlements livraient alors leur dernière bataille contre la royauté. Élevé au contrôle général des finances en 1784, trois ans après le fameux compte rendu de Necker qui avait lui-même éconduit le savant et vertueux Turgot, M. de Calonne, à bout de profusions et d'expédients, et forcé d'avouer huit cent millions de dettes nouvelles, venait de convoquer l'Assemblée des notables. C'étaient des États généraux au petit

pied, ou plutôt des États généraux à talons rouges, car l'aristocratie seule de chacun des trois
ordres était choisie par le roi pour en faire partie.
Sur 344 membres, quatorze évêques et quatre sim-
plesprêtres seulement y figuraient pour le clergé
et, quant au tiers état, il n'y comptait d'autres
représentants que les maires des vingt-cinq premières villes du royaume (1), tout le reste appartenait à la haute noblesse. Le 22 février 1787,
la session fut ouverte par le roi en personne. A
cette première question motivée par son compte
rendu : « Quelles ressources reste-t-il à la France ? » Calonne, devançant l'audace de la Révolution, avait répondu : *les abus à détruire*.
Reprenant un à un les plans de Turgot, il pré-
senta et fit accepter par les notables de longs
mémoires sur l'établissement des assemblées
provinciales, la réformation de la taille, le rem-
boursement de la dette du clergé, le libre commerce des grains, la suppression de la corvée,
l'abolition des barrières intérieures, la refonte
des gabelles, le compte rendu public des dépenses et recettes de l'État, sans excepter les dons,
grâces et pensions. Il ne s'éleva que peu d'objections contre ces salutaires nouveautés ; seulement, dès que le ministre réformateur en vint

(1) Ces villes étaient Paris, Lyon, Marseille, Bordeaux,
Rouen, Toulouse, Strasbourg, Lille, Nantes, Metz, Nancy,
Reims, Bourges, Limoges, Orléans, Tours, Montpellier, Mon-
tauban, Caen, Amiens, Bayonne, Châlons, Valencienne ,
Clermont, Troyes.

à proposer l'indispensable mesure de l'égale répartition de l'impôt territorial, l'assemblée, se tournant contre lui, osa lui demander d'appliquer d'abord à sa gestion des finances, généralement accusée de gaspillage, cette garantie de la publicité qu'il invoquait pour l'avenir, et de faire connaître en détail toutes les causes du déficit. On savait, de reste, que cette production de pièces n'était pas possible sans affronter de grands scandales. Calonne, après avoir résisté en face, puis équivoqué misérablement, finit par soulever contre lui un tel orage qu'il fut obligé de s'enfuir plutôt que de se retirer.

Chacun s'attendait à voir reparaître M. Necker, qui, dans une défense digne et sensée, venait de relever les inexactitudes du ministre mis en déroute. Mais, au lieu du populaire Genevois, qui reçut l'ordre de s'éloigner de Paris, ce fut l'archevêque de Toulouse, M. Loménie de Brienne, un des membres importants de l'Assemblée des notables, qui prit la place du léger et présomptueux Calonne. Ce n'était pas la peine de renvoyer un intrigant capable pour en prendre un de nulle valeur. Les mêmes scènes qui venaient de se passer devant les notables se répétèrent devant le parlement de Paris, auquel il fallut demander l'enregistrement des édits obtenus par le ministre déchu. Tout fut accordé sans peine jusqu'au moment où reparut cette malheureuse question de l'impôt foncier et d'une certaine

extension des droits de timbre. Les conseillers
ayant réclamé à leur tour la justification par faits
et articles de la situation financière, et n'ayant
pas eu plus de succès que les notables, se décla-
rèrent incompétents pour établir de nouveaux
impôts sans le consentement de la nation, et re-
mirent la question aux États généraux. Un lit
de justice tenu à Versailles vint à bout pour un
jour de cette résistance prévue, mais le grand
mot de solution était prononcé.

Il est remarquable que ce soit à des magistrats
cherchant à défendre d'antiques privilèges que
la nation ait dû d'avoir retrouvé ses droits. Le
parlement, exilé à Troyes d'août à novembre 1787,
reçut, à la reprise de ses séances, la promesse
que les États généraux seraient convoqués dans
un délai de cinq années. C'était trop demander
à l'impatience française. Tout cet hiver de 1787
à 1788 se passa, comme l'été précédent, dans
une lutte du plus dangereux exemple entre la
couronne et le pouvoir judiciaire. Les parlements
de province prirent parti pour celui de Paris, et
le pays entendit proclamer par la bouche de
ses magistrats toutes les maximes de séparation
des pouvoirs et de résistance à l'arbitraire qui
allaient faire le succès de la Révolution.

Le ministère de Brienne céda bientôt à la tentation d'imiter M. de Maupeou et de se délivrer
de l'opposition des parlements par un coup d'État.
Un édit du 8 mai 1788 supprimait les treize cours

souveraines du royaume, déférait leurs pouvoirs judiciaires à quarante-sept tribunaux de grands bailliages, et partageait leur pouvoir politique entre les États généraux, promis cette fois pour l'année suivante, et une haute cour appelée, par un souvenir des premières races, cour plénière. Cette cour, qui était la clef de voûte du nouveau système, devait se composer de la grand'chambre du parlement dissous, d'un délégué de chaque parlement de province, des princes du sang, des pairs du royaume, des grands officiers de la couronne, de deux maréchaux, d'autant de prélats et de gouverneurs de province, de dix conseillers d'État ou maîtres des requêtes et de quatre membres au choix du roi. On avait jugé, on le voit, que ce n'était pas trop du prestige réuni des plus hautes situations du royaume pour lutter contre l'antique prestige du parlement de Paris. La couronne s'était en même temps assuré les plus belles chances pour n'avoir plus à recourir désormais à la brutale formalité des enregistrements par ordre.

L'opinion, il faut le dire, se partagea sur ce coup d'audace de la royauté. Si l'arbitraire ministériel inspirait une juste horreur, le parlement n'avait pas que des partisans. Déjà, en 1774, lorsque M. de Maurepas avait rappelé les anciens conseillers renvoyés trois ans avant par M. de Maupeou, quelques graves esprits n'avaient pas approuvé cette politique étourdiment réactionnaire. On prétendait, non sans raison, que le résultat le plus clair de cette rétractation serait d'humilier la royauté devant un corps déjà infatué de ses privilèges. Les parlementaires avaient cru juger sans appel la cour plénière destinée à les remplacer en disant : *C'est un petit lever de Versailles.* Mais eux-mêmes n'appelaient-ils pas leur réunion un consistoire de rois? La couronne n'avait-elle rien à redouter de cette assemblée de magistrats presque souverains, jugeant tout le monde et ne pouvant être jugés par personne, percevant des épices au lieu de payer des impôts, jouissant du droit de franc salé comme le roi, tenant sous leur dépendance deux à trois mille officiers de justice qui semaient dans les diverses classes du peuple l'esprit de dénigrement de l'illustre compagnie ? Turgot, qui trouva le parlement systématiquement opposé à ses réformes, se plaignit souvent que M. de Maurepas eût plus consulté, en le rappelant, ses propres ressentiments contre le dernier règne que l'intérêt bien entendu du règne nouveau. D'autres enfin, remontant dans l'histoire, refusaient au parlement ce rôle de père du peuple et de défenseur des libertés dont il faisait tant de bruit, et le montraient non moins infidèle à la nation qu'à la royauté. Anglais sous Charles VI et Charles VII, ligueur sous Henri III et Henri IV, frondeur pendant la minorité de Louis XIV, janséniste intolérant et persécuteur sous Louis XIV, quelles fautes du pouvoir avait-il empêchées ? N'avait-on pas vu **MM.** les conseillers se laisser forcer la main pour accepter les meilleures lois et chanter joyeusement le *Nunc dimittis* en enregistrant la révocation de l'édit de Nantes ?

Ainsi s'exprimait l'antipathie naturelle du parti de la cour contre les parlements ; mais cette antipathie ne suffisait-elle pas à expliquer leur popularité ? Dans un pays déchu peu à peu jusqu'à l'absolutisme, ils représentaient, dans une mesure modérée sans doute, mais certaine, le contrôle, la discussion, la liberté. Aussi l'édit du 8 mai fut-il un signal de révolution. Les juges du Châtelet et des présidiaux refusèrent avec éclat de laisser toucher, même pour les agrandir, ni à leur ressort, ni à leur compétence. Les avocats prirent l'engagement public de ne pas plaider devant les nouvelles juridictions. Dans presque tout le royaume, le cours de la justice fut interrompu. Sur plusieurs points, et notamment en Roussillon, en Bretagne, à Grenoble, l'émeute cassa l'édit royal, et les parlements continuèrent à tenir séance. Les Dauphinois, prenant une initiative destinée à rester un grand fait dans l'histoire, réunirent les États de la province à Vizille, et décrétèrent qu'aucun impôt ne serait payé jusqu'à la convocation des États généraux.

Cette crise de désordre et de violence dura quatre mois, du commencement de mai à la fin d'août 1788, et ne prit fin qu'au moment où l'archevêque de Toulouse et M. de Lamoignon furent remplacés par M. Necker et M. de Barentin. Le 24 septembre, le parlement, rappelé comme en 1774, reprenait ses audiences comme à la rentrée des vacances, en faisant l'appel des causes laissées au rôle en mai précédent. Cette fois, il ne devait céder la place que devant l'organisation actuelle des tribunaux, décrétée un an après, par l'Assemblée constituante à peu près sur le plan de l'édit de 1788.

III

Le procès Kornmann est appelé. — Le parlement réinstallé lui consacre huit audiences. — Plaidoiries. — Le verre d'eau sucrée empoisonné. — Arrêt du 3 avril 1789. — La Chambre des Tournelles écarte la plainte en adultère, condamne le mari à restituer la dot et ordonne la suppression des mémoires de Bergasse. — Vif mécontentement du public, qui prend de plus en plus parti pour Bergasse. — Le procès n'était pas perdu pour lui.

Le procès Kornmann déroulait ses péripéties dans ce cadre d'événements variés et pathétiques. L'indépendance des juges étant devenue la première passion du moment, il ne faut pas s'étonner si toute question dévolue à la justice avait le privilège d'exciter si vivement l'intérêt. Bergasse sut profiter, avec un grand art de mise en scène, de cette disposition des esprits. Chacune

de ses brochures répondait à une crise de l'opinion bien plutôt qu'à un besoin de sa cause.
Suivant l'usage du vieux Palais, les préliminaires du procès prirent pendant longtemps la place
du procès lui-même : triple plainte en diffamation de la part de Beaumarchais, du prince de
Nassau et de M. Lenoir contre Bergasse et son
client, permissions d'informer, décrets rendus à
la requête des plaignants, récusation de deux
magistrats par les inculpés, l'affaire n'en était
encore qu'à ces escarmouches au mois d'août
1787, au moment où MM. les conseillers durent
aller, par ordre du roi, prendre leurs vacances à
Troyes. Quelques mois après, lorsque l'instance
principale, entraînant après elle toutes les ins-
tances incidentes, allait enfin venir devant la
cour rappelée, l'édit du 8 mai 1788 avait prononcé la dissolution des parlements. L'avocat
de Kornmann refusa hautement les nouveaux
juges. D'autres temps ont connu malheureusement des tribunaux d'exception, disposant sans
contrôle de la liberté et de la vie des citoyens ;
mais ce que nous n'avons pas vu, c'est qu'on ait
osé, c'est qu'on ait pu parler en ces jours néfas-
tes, comme parlait Bergasse une année avant 89 :
« Il ne nous reste, écrivait-il, que des tribunaux
qu'un homme de bien ne doit pas reconnaître
et où ne peuvent siéger que des hommes corrom-
pus, juges étrangers aux intérêts de la nation
et qui ne sont que des instruments serviles de

l'autorité, esclaves sans mœurs, hommes qui n'ont point d'amis, parce que les coupables n'ont que des complices! Quel espoir nous reste? A qui nous adresser? Au roi. » Et développant ce texte des livres saints : *Loquebar de testimoniis tuis in conspectu regum et non confundebar*, l'audacieux défenseur, qui avait enfin trouvé la vraie mesure de son éloquence, s'écriait : « Sire, vos ministres vous ont indignement trompé quand ils ont osé vous dire que l'autorité des rois est absolue et qu'ils ne doivent compte qu'à eux-mêmes de l'usage qu'ils jugent à propos d'en faire. Une telle doctrine ne pourrait être vraie qu'autant que la Providence n'aurait doué de la faculté de raisonner que les hommes qui gouvernent, et qu'elle aurait organisé les autres hommes de façon à ce qu'ils trouvassent toujours sage la manière dont ils sont gouvernés... Sire, vos ministres sont ici les seuls révoltés; ils vous ont rendu étranger à votre peuple; ils ont rendu la résistance à votre autorité, qui, sans la justice, n'est plus qu'une force aveugle, un droit indispensable, et l'obéissance à cette même autorité, un forfait (1). »

Que dites-vous de la liberté de ces temps sin-singuliers ? Ne vous semble-t-il pas que cette voix ne parle pas trop mal pour une voix d'ancien

-----

(1) *Observations du sieur Bergasse sur l'écrit du sieur de Beaumarchais ayant pour titre :* Court Mémoire en attendant l'autre, *dans la cause du sieur Kornmann.*

régime et quand la Bastille est encore debout ?

> On ne sut pas longtemps à Rome
> Cette éloquence entretenir.

Datée du 11 août 1788, cette violente requête ne précéda que de peu de jours la chute du ministère de Brienne et Lamoignon, qui fut annoncée le 24. L'immense popularité de Bergasse ne pouvait qu'être accrue par ce rapprochement de dates, peut-être fortuit. Lui-même racontait que son mémoire fut tiré une première fois à dix mille exemplaires, et que le roi, loin de s'offenser de son courage, avait loué de tels accents portés au pied du trône.

Cependant, la cause si longtemps plaidée comme politique devait arriver à une conclusion judiciaire. Il était difficile de se dissimuler en effet que ni le retour de Necker, ni la convocation des États généraux ne préjugeaient rien sur les torts de Mme Kornmann, non plus que sur les prétentions de son époux, ou sur les plaintes réciproques de leurs défenseurs. A la fin de mars 1789, la Chambre des Tournelles entendit enfin appeler cette affaire à sa barre ; huit audiences lui furent consacrées. Bergasse y parut avec l'éloquence emportée et populaire de ses mémoires ; mais son client perdit au débat l'auréole de victime dont il l'avait paré. On ne put nier sans doute les légèretés de Mme Kornmann, mais on articula contre son mari le reproche, mortel à sa cause comme à son honneur, de complaisance. « Vous êtes ou le plus vil des époux ou le plus atroce des calomniateurs ! » lui disait l'avocat de Daudet après avoir donné lecture à la cour de certaines lettres de Kornmann à son client. Bergasse lui-même ne fut pas épargné dans ces plaidoiries, qui ne furent qu'une longue diffamation. « Il faut donc que je me défende, s'écriait-il, dans une fière exorde personnelle ; après tant de travaux entrepris, tant de dangers bravés pour faire triompher la cause des mœurs et de l'honnêteté, c'est à des reproches qu'il me faut répondre !... » Et l'auteur du mémoire au roi s'efforçait en effet de répondre à tout ; mais en vain chercha-t-il à établir judiciairement, soit le complot pour ravir une mère à ses enfants, soit la connivence du prince de Nassau, soit la vénalité de Lenoir, soit même la culpabilité de Beaumarchais. Il n'y avait dans la cause que des présomptions, des probabilités, des accusations vagues, qui peuvent émouvoir le public, mais aucune de ces réalités sans réplique qui doivent seules dicter les décisions des magistrats. Un curieux épisode de ces débats, qui m'a été transmis directement par un contemporain, prouvera du reste quelles dispositions extrêmes le public y apportait. Bergasse ayant demandé à la cour un instant de repos après une plaidoirie de plusieurs heures, un huissier lui apporta le verre d'eau sucrée traditionnel. « Ne le buvez pas, s'écria une voix de la foule, il est empoisonné ! » L'avocat, se retournant gravement vers l'auditoire, vida d'un trait la coupe suspecte, et l'auditoire d'applaudir à ce trait renouvelé de Plutarque.

L'arrêt ne répondit point à cette partialité passionnée des admirateurs de Bergasse. La chambre des Tournelles, présidée par M. Lepelletier de Saint-Fargeau (1), et sur les conclusions de l'avocat général Dambray, rendit le 3 avril un arrêt qui déclarait Kornmann non recevable dans sa plainte en adultère, le condamnait à restituer la dot, déchargeait Beaumarchais et le prince de Nassau de l'accusation de complicité, mettait à néant la plainte contre l'ancien lieu-enant de police Lenoir, ordonnait la suppression des mémoires de Bergasse et de Kornmann, comme contenant des faits faux et calomnieux, et les condamnait chacun à 1.000 francs de dommages et intérêts.

Cette conclusion inattendue d'un différend que l'opinion publique avait jugé avant les magistrats fut très mal reçue par elle. Les quatorze conseillers qui avaient siégé, et, à leur tête, l'avocat général Dambray, dont le réquisitoire éloquent n'avait pas peu influé sur leur décision, se virent en butte aux plus absurdes suppositions.

(1) Le Pelletier de Saint-Fargeau, président à mortier au parlement de Paris, membre de la Convention après la suppression de sa charge, le même qui fut tué dans un restaurant du Palais-Royal, en janvier 1793, pour avoir voté la mort du roi.

Bergasse surtout fut vengé de l'échec personnel qu'on avait prétendu lui infliger. J'ai sous les yeux une brochure distribuée à profusion quelques jours après le procès et portant pour titre : *Arrêt de cassation du jugement rendu contre Bergasse par l'impartiale, l'insurprenable et toujours équitable vérité*. « La cour suprème de revision, disait cet écrit, reconnaissant Bergasse pour un excellent citoyen, un auteur de premier talent, un loyal ami du peuple, ordonne que ses mémoires seront imprimés dans tous les formats et déposés dans toutes les bibliothèques pour y servir de témoignage de son génie et de ses vertus... »

Mais si Bergasse avait, comme on voit, ses flatteurs, il avait aussi ses détracteurs. Quelques-uns l'accusaient d'avoir sacrifié le banquier Kornmann à un âpre désir de faire parler de lui, et le comparaient au philosophe *Peregrinus* de Lucien, qui, après avoir vainement tenté d'occuper le monde de ses découvertes, s'avisa de convoquer le peuple pour le voir périr sur un bûcher, et se brûla en effet. D'autres, plus Gaulois, rappelaient la fable du renard sortant du puits en se faisant une échelle de l'échine et des cornes de son ami le bouc, qu'il y laissait. On devine que le bouc n'était pas Bergasse. « J'ai fièrement attaché, avait-il dit dans un de ses mémoires, la cause de cet infortuné aux destinées publiques... Je me suis dévoué aux haines les plus puissantes pour sauver à la fois ma patrie et mon ami. » L'ami restait peut-être au fond du puits, mais la patrie en était sortie et s'apprêtait à marcher à la conquête de ses immortelles destinées. Bergasse n'avait donc pas perdu son procès.

IV

Ordonnance royale du 24 janvier 1789, qui convoque six millions de Français à nommer leurs représentants aux Etats généraux. — Malgré l'avis contraire du Parlement et d'une seconde assemblée des Notables, le roi se décide pour la double représentation du tiers. — Lettre sur les Etats généraux dans laquelle Bergasse rédige d'avance les chartes de 1814 et de 1830. — Le mouvement de 89 dans un village du Forez. — A Lyon, les trois ordres élisent leurs mandataires, savoir : quatre pour le clergé, quatre pour la noblesse et huit pour le tiers-état. Dans une première réunion générale, les deux premiers ordres déclarent qu'ils renoncent à tous leurs privilèges. — Détails sur la rédaction des trois cahiers. — Vœux de la bourgeoisie lyonnaise sur le gouvernement qui doit être la Monarchie constitutionnelle, sur l'administration qui doit être remise au pays, sur l'impôt qui doit être égal pour tous, sur la législation civile et criminelle, sur l'organisation de la justice, sur les questions religieuses et d'assistance publique, sur l'agriculture, sur le commerce, qui doit cesser d'être considéré comme une dérogation, sur l'aide et la protection dues aux manufactures de Lyon et de Saint-Chamond, sur l'achat des titres nobiliaires, sur les grâces et les honneurs à proposer pour les fils de négociants qui resteraient fidèles au commerce et au nom de leurs pères. — Un des huit députés élus par le tiers état lyonnais ayant refusé d'accepter, Bergasse est nommé à sa place.
Ouverture des Etats généraux par le roi le 5 mai. — Vive le roi ! premier principe de 89. — Bergasse fait partie de la commission chargée d'obtenir de la noblesse, du clergé et au besoin du roi lui-même, la réunion des trois ordres. — Il fait adopter contre

Mirabeau, qui proposait le titre de représentants *du peuple,
le simple titre d'Assemblée nationale. — Il est nommé de la
commission de 8 membres pour rédiger le projet de constitution. — Rapport de Bergasse sur la réorganisation de l'ordre
judiciaire.— Séparation absolue entre la politique proprement
dite et les nouveaux magistrats. — Fin des parlements. —
Ecrits de Bergasse sur la part d'attributions nécessaires à
chacun des pouvoirs constitutionnels et notamment sur le droit
de Veto absolu qu'il réclamait pour le pouvoir exécutif. —
La commission où dominait Sieyes s'étant prononcée pour le
Veto suspensif, Bergasse, Mounier et Lally-Tollendal se reti-
rent. — L'assemblée nomme une nouvelle commission. —
Journées des 5 et 6 octobre. — Les trois démissionnaires s'abs-
tiennent de revenir à l'Assemblée nationale,—Mounier se retire
à Genève, Lally. Tollendal en Irlande, mais Bergasse reste
à Paris. — Ses conseils à Louis XVI, ramené de Varennes.
— Appel à la province. — Son refus de prêter le serment
exigé en février 1790 et sa lettre de démission à ses commettants. — Sa polémique à ce sujet contre Camille Desmoulins, Loyseau et Montesquiou à propos de la loi sur le
papier-monnaie. — Le roi lui fait demander secrètement un
projet de constitution. — Ce travail envoyé aux Tuileries, la
veille du 10 août et déposé dans l'armoire de fer, a été
détruit.*

Cette grande cause de la nation allait enfin se
débattre devant un tribunal fait pour elle. Le
24 janvier 1789, un règlement du roi appelait
tous les Français à nommer leurs députés aux
États généraux convoqués à Versailles pour le
1er mai suivant. On sait par quelle initiative du
parlement de Paris avait été obtenue cette décision désirée du roi et redoutée des ministres.
S'apercevant trop tard qu'il avait conspiré contre lui-même, et que, du jour où ce mot d'États
généraux avait été prononcé, la faveur publique
s'était détournée de lui pour s'attacher avec transport à l'espoir d'une représentation nationale

sincère et puissante, le parlement essayait de
reprendre en détail cette concession faite en bloc
avec tant d'imprudence. C'est ainsi que la noble
compagnie, consultée par le ministre, se prononçait contre le doublement du tiers, c'est-à-
dire contre le droit réclamé par le troisième
ordre, qui était à lui seul à peu près toute la
nation, d'avoir autant de représentants que les
deux ordres privilégiés réunis. Suivant les magistrats qui avaient si fièrement donné le signal
des exigences, les élections et les États de 1789
devaient être strictement modelés sur les formes surannées de 1614. Une seconde assemblée
des notables, que Necker réunit aussitôt ne sut
pas venir à bout de ce préjugé d'égoïsme et de
routine. Sur les six bureaux dont elle se composait, un seul, à la majorité d'une seule voix,
se prononça pour la double représentation du
tiers. J'aime à rappeler que ce bureau était
celui que présidait Monsieur, frère du roi, et
cette voix, celle du prince qui devait nous rapporter de l'exil, vingt-cinq ans plus tard, la plus
haute et la plus fidèle expression des principes
de 89, dans la charte de 1814.

C'est au roi que revint l'honneur de trancher
d'autorité cette question autour de laquelle les
esprits s'ameutaient. Tout en maintenant comme nécessaires le vote et la représentation par
ordres séparés, le règlement du 24 janvier accordait le doublement du tiers ; concession loua-

ble assurément, mais qui avait, comme toutes
les demi-mesures, l'inconvénient de mettre l'autorité en contradiction avec elle-même. Donner
au tiers-état un nombre de représentants égal à
celui des deux premiers ordres, n'était-ce pas
dire qu'il allait être appelé à voter par tête avec
les députés de la noblesse et du clergé? Car si
l'on devait délibérer en chambres séparées,
comme on l'avait fait cent soixante-dix ans avant,
qu'importait le nombre de voix dans chaque
chambre? Ainsi une ordonnance royale avait
sanctionné par avance ce rapprochement des
trois ordres, qui devait être la première et facile
victoire de la Révolution.

D'autres questions se groupaient en foule derrière celle-là. L'assemblée de la nation serait-elle
permanente ou périodique? Serait-elle unique
ou divisée en chambre basse et chambre haute?
Les ministres seraient-ils responsables devant
elle ou seulement devant le roi? La liberté de
la presse devait-elle être confiée au pays par la
loi ou laissée à la discrétion du gouvernement?
Tous ces problèmes constitutionnels, sur lesquels
nous croyons à chaque révolution avoir dit notre
dernier mot, étaient agités alors avec l'ardeur
d'une invincible espérance. Les meilleures plu-
mes du temps, Lacretelle, Target, Rabaud Saint-
Étienne, l'abbé Morellet, Sieyes, Cérutti, se distinguaient par des écrits où nous aurions encore
beaucoup à apprendre à la fin de ce siècle, qui

n'a épargné cependant les leçons à personne.

Bergasse essaya de résumer le débat dans une brochure intitulée : *Lettre sur les États généraux*. Elle était adressée aux officiers de la municipalité de Saint-Germain-Laval, petite ville du Forez, d'où lui était venue une demande de consultation politique et probablement une offre de candidature pour les élections qui s'approchaient. J'essayais tout à l'heure de pénétrer dans ce mouvement d'idées et de travaux qui préparait à Paris l'ère de 89; il paraîtra curieux sans doute de retrouver ce même mouvement dans une petite bourgade de province, loin des agitations factices et des influences imposées de la capitale. Ayant sous la main une réponse de Bergasse à la municipalité de Saint-Germain-Laval, mon devoir, ou, pour parler vrai, ma curiosité de biographe m'indiquait d'aller rechercher dans les archives de cette commune la trace de cette correspondance. Grâce à l'obligeance de M. Chaverondier, archiviste du département de la Loire, j'ai pu me procurer copie des procès-verbaux des séances de la municipalité de Saint-Germain-Laval, du 22 juin 1788 au 17 janvier 1790. Rien de plus instructif, et je dirai de plus émouvant, que ces humbles documents où la vérité se prend sur le vif comme elle s'est produite, malgré elle, sans qu'elle s'en doute, et rien non plus qui prouve mieux, si elle pouvait être contestée, la légitimité de notre renaissance française de 89. Le même souffle qui animait les penseurs de la capitale remuait aussi ces modestes et fermes esprits de village.

Dès le 3 août 1788, c'est-à-dire quelques semaines après avoir été élue, la municipalité de Saint-Germain-Laval exprimait le vœu que tous les citoyens fussent soumis à la taille ou que tous en fussent affranchis. Déjà l'impôt dit du *vingtième* atteignait toutes les propriétés foncières, moins celles du clergé. Jalouse de consacrer dans les mots cette première conquête de l'égalité des terres devant le fisc, la municipalité forézienne demandait à substituer à l'impôt du vingtième la dénomination plus exacte d'*impôt territorial*. Aux députés qui allaient représenter la commune à l'assemblée de la province réunie à Roanne, et qui appartenaient à l'ordre de la noblesse, elle donnait un mandat où il était dit: « Toute exception faite en faveur d'une corporation ou d'un particulier est contraire à l'ordre public, à la raison, à la justice, contre les droits desquels il n'y a ni titre ni prescription qui puissent valoir. La municipalité espère que vous ferez le généreux oubli de vos qualités de nobles et privilégiés pour ne voir que celle de représentant du tiers-état, et qu'en ce jour, occupés des devoirs y attachés, vous ferez usage de toutes vos lumières pour anéantir l'effet des objections que pourrait dicter l'intérêt personnel ou de corps... La dîme, cette portion des fruits dont une partie fut consacrée au soulagement des pauvres par les fidèles des premiers siècles, a changé de destination. Un prieur commendataire en consomme tous les fruits dans une province étrangère. Pourquoi l'assemblée provinciale, à l'imitation de ce qui se pratique en Dauphiné, ne solliciterait-elle pas un arrêt qui assujettît chaque décimateur à compter au profit des pauvres la dixième partie du produit de sa dîme dans les endroits où elle est perçue ?... »

Où parle-t-on ainsi ? Sommes-nous à Versailles ou à Paris, dans un cercle politique ou dans l'assemblée de Sieyes et de Mirabeau ? Non, nous sommes à la maison de ville de Saint-Germain-Laval, et ce qui se dit dans cette assemblée de petits bourgeois, les cahiers des bailliages le diront dans quelques mois pour les quarante mille paroisses du royaume (1).

Les réclamations de ces sages villageois n'ayant eu aucun succès à Roanne, la municipalité de Saint-Germain, agissant, prend-elle soin de dire, *comme corps politique*, décide qu'elle n'acceptera plus désormais ni noble ni anobli pour représen-

---

(1) Dans la petite province du *franc-Lyonnais*, qui ne comprenait qu'un groupe de villages échelonnés sur la rive de la Saône, depuis Neuville jusqu'aux portes de Lyon, les cahiers du tiers-état demandaient que, dans toute paroisse de cent feux, il fût établi un maître d'école pour l'instruction gratuite des enfants ; que la main morte fût supprimée, les droits féodaux rachetés, la gabelle et les droits de péage abolis, l'unité des poids et mesures proclamée. (*Les environs de l'Ile Borbe*, par M. Léopold Niepce, ancien conseiller à la Cour de Lyon. 1892.)

ter le tiers-état, soit dans les assemblées de la
province, soit aux États généraux, tant que le
principe de la contribution commune n'aura pas
été proclamé.

C'est à ce sujet qu'intervient un échange de
lettres entre Bergasse et le syndic de Saint-Germain-Laval, qui lui avait adressé un exemplaire
du mémoire de la municipalité, en lui demandant
son avis sur la décision qu'elle venait de prendre. Non seulement Bergasse lui donne sa plus
entière approbation, mais il exhorte ses correspondants à persister dans leur pensée d'exclusion
tant que le gouvernement n'aura pas aboli l'outrageante distinction des peines et des supplices
entre les divers ordres. L'avocat au parlement
s'élève avec force contre l'abus extravagant
d'une organisation de l'État qui devient de plus
en plus aristocratique à mesure que l'aristocratie
baisse d'année en année en utilité et en services.
Il se plaint de certaines cours souveraines qui
ont humilié la justice devant le préjugé des
castes, en n'admettant dans leur sein que des
conseillers à quatre quartiers. Il persiffle l'usage
récemment introduit à Versailles d'exiger une
noblesse prouvée depuis le quatorzième siècle
pour être présenté à l'audience particulière du
roi ou posséder une charge de quelque importance. « A ce compte, dit-il avec l'humeur bien
naturelle d'un homme qui avait dû solliciter plus
d'une fois la faveur de remettre lui-même à

Louis XVI ces fameux mémoires, à ce compte, Descartes, Pascal, Corneille, Bossuet, Montesquieu n'auraient pas été d'assez bonne compagnie pour un roi de France, et si Démosthène ou Cicéron reparaissaient parmi nous, nous n'aurions d'autre emploi à leur offrir que celui de substitut du procureur du roi dans quelque bailliage. » Quel était le Démosthène ou le Cicéron à qui on aurait offert, en effet, une modique place de substitut ? Je ne veux pas le chercher, et je préfère tenir compte à Bergasse d'avoir réclamé, tout d'abord au nom de l'honneur, contre des distinctions entre les citoyens d'une même patrie qui bornaient à de vulgaires satisfactions l'ambition légitime du plus grand nombre.

Les solutions présentées par Bergasse sur les principaux problèmes de la théorie constitutionnelle sont à peu près celles que nous avons vues tour à tour consacrées et violées par nos chartes et nos révolutions successives. Il voulait les deux chambres, l'organisation élective des municipalités et des provinces, l'indépendance absolue des députés vis-à-vis du gouvernement dont ils doivent contrôler les actes, et leur dépendance effective vis-à-vis du corps électoral dont ils tiennent leurs mandats. Le pouvoir au prince, conclut l'écrivain de 89 dans une formule qui n'a pas vieilli, et l'opinion, frein du pouvoir, au pays ; au prince, toute la part de

souveraineté nécessaire à l'action des lois et
nettement limitée par la constitution ; au pays,
l'entière souveraineté de l'opinion, c'est-à-dire la
liberté de la presse et la liberté des élections.

L'émotion patriotique occasionnée par ces
grands et nouveaux débats n'était pas moindre à Lyon qu'à Paris ou à Saint-Germain-Laval. Le 14 mars de cette fatidique année 1789,
les trois ordres de la sénéchaussée étaient convoqués, pour élire leurs députés et rédiger leurs
cahiers. La première assemblée générale se tint
dans l'église des Cordeliers, et fut présidée, en
l'absence du gouverneur de la province, par
M. Laurent Basset, lieutenant général de la sénéchaussée et siège présidial de Lyon. Près de
deux siècles et trois longs règnes absolus s'é-
taient écoulés depuis la dernière tenue des États
généraux. Les habitudes d'arbitraire et de su-
bordination étaient devenues comme naturelles
au pouvoir et au pays, et voici cependant comme
on parlait à nos pères au nom du petit-fils de
Louis XIV : « Nommez librement les hommes
que vous croirez les plus sages, disait le représentant du roi ; ce ne sont ni leurs noms, ni leurs
dignités, ni la faveur du pouvoir, ce sont leurs
seules vertus qui doivent déterminer votre
choix... Ce ne sont point des courtisans que le
roi veut entendre ; ce sont des hommes généreux. » Paroles dignes, en effet, d'inaugurer une
ère de liberté, et qui auraient dû protéger qua-

tre ans plus tard le noble magistrat qui les tirait de son cœur, contre les bourreaux de la cité lyonnaise (1).

Les électeurs réunis des trois ordres se montrèrent à la hauteur de cette libérale inspiration. La noblesse de Lyon, si heureusement rapprochée de la bourgeoisie par l'échevinat d'où elle sortait d'année en année, eut l'honneur d'avoir la première sa nuit du 4 août. Par une déclaration lue à l'ouverture de la séance et couverte de longs applaudissements, son doyen vint renoncer expressément à tous privilèges relatifs à l'impôt, et s'engager à stipuler cette renonciation dans les cahiers de l'ordre (2). Le clergé imita ce bon exemple, et la bourgeoisie, ne voulant pas être en reste avec les deux premiers ordres, annonça par l'organe de M. Rey, lieutenant de police, qu'elle faisait en faveur des habitants *extra muros* le sacrifice de l'exemption de la corvée et du logement des gens de guerre qui n'avaient pesé jusque-là que sur les campagnes.

Une si heureuse rivalité de généreux sentiments prouvait à elle seule le bien qui devait résulter de la réunion des ordres. Il fallut cependant les séparer, comme l'avait décidé l'ordonnance du

(1) M. Laurent Basset de la Pape fut un des premiers Lyonnais exécutés après le siège (5 décembre 1793).

(2) La noblesse de Bresse, réunie à Bourg le 23 mars suivant, répéta pour son compte les déclarations de la noblesse de Lyon.

conseil. Le clergé se retira dans la chapelle de Notre-Dame du Gonfalon, la noblesse dans l'ancienne salle du Concert, et le tiers resta sous la vaste nef de Saint-Bonaventure. Quoique divisés, les trois ordres lyonnais n'en demeurèrent pas moins unis dans leurs principaux vœux, comme va le prouver un rapide coup d'œil jeté sur leurs cahiers respectifs.

On ne sait presque plus rien aujourd'hui de ce qui se passa dans ces assemblées préparatoires du 89 d'où sont sortis cependant tous les progrès de la France moderne. Sans doute, les histoires locales si curieusement fouillées de nos jours, les monographies d'abbayes et de châteaux, la généalogie des familles, tout cela a son prix et sa place dans les annales générales de la nation. Mais quelles recherches plus patriotiques, quelle étude plus fertile en conclusions que celle de ce puissant mouvement de 89, qui, à un jour donné, souleva tout un peuple vers un idéal immortel de liberté sous la monarchie? Cet idéal est notre avenir, nous l'avons reçu de nos pères, nous devons le transmettre à ceux qui viendront après nous. Essayons donc de nous remettre sous les yeux le spectacle de Lyon en ces beaux jours dont tant de mauvais jours devaient effacer sitôt jusqu'au souvenir.

L'assemblée du tiers-état commença par choisir dans son sein cent cinquante membres qui devaient nommer les commissaires rédacteurs des cahiers. Ne pouvant rappeler ici cent cinquante noms, je veux citer au moins, à l'honneur de leurs descendants, ceux des sept commissaires auxquels nous devons les admirables cahiers du tiers-état lyonnais. Ce furent : MM. Faure de Montaland, lieutenant général criminel ; Rey, lieutenant de police ; Boscary, procureur ; Couderc, négociant ; Millanais, bourgeois ; Brunet le jeune, épicier, et Maisonneuve, chapelier. Une sous-commission de trente membres fut chargée de suivre et de surveiller le travail des rédacteurs. Parmi ces commissaires surveillants, je relève le nom de Dominique Bergasse, frère de l'avocat au parlement. Ce fut devant eux que M. Millanais vint lire son remarquable rapport, qu'on n'a plus guère lu depuis ce jour, et que tout le monde, hélas ! ne saurait pas écrire aujourd'hui.

« Grâces éternelles, s'écriait en débutant le représentant du tiers-état, soient rendues à ce roi juste et bienfaisant, objet de l'amour de son peuple, qui rassemble les représentants de la nation pour apporter un remède aux plaies de l'État ! Que l'expression de la plus tendre et de la plus respectueuse reconnaissance soit le premier vœu dont seront chargés, au nom de cette sénéchaussée, les députés du tiers-état... »

Ce vœu, répété avec le même élan de sensibilité dans les cahiers des quarante mille bail-

iages, forme ainsi le premier et le plus indiscu-
able des principes de 89.

Venait ensuite la demande d'un gouvernement
constitutionnel remplaçant définitivement le
gouvernement absolu, et prenant pour bases les
États généraux périodiques, le doublement du
tiers, la réunion des trois ordres, le vote par
tête, la responsabilité des ministres et des agents
de l'autorité, l'égalité des propriétaires et des
propriétés devant l'impôt ; la propriété inviolable
et protégée contre l'expropriation pour cause
d'utilité publique par un système sagement com-
biné de difficultés, de lenteurs, de garanties de
toutes sortes ; toute servitude personnelle abolie,
la liberté individuelle assurée par la constitution. Aucune fonction civile, aucun grade militaire ne devait désormais appartenir par privilège à l'un des trois ordres ; aucune loi, aucun
impôt, aucun changement dans la valeur et le
titre des monnaies ne pouvaient être décrétés
sans avoir été discutés et consentis par l'Assemblée nationale.

Outre ces principes généraux de toute société
bien réglée, les cahiers du tiers-état lyonnais
demandaient le remplacement des impôts existants, mal établis, mal perçus, mal dépensés,
par un nouveau système d'impôts répartis entre
les généralités par les États généraux, entre les
paroisses par les États provinciaux, entre les
individus par les municipalités ; le licenciement

des grandes compagnies de finance qui exer-
çaient sur la nation l'empire le plus despotique
et le plus meurtrier; les contestations entre les
contribuables et l'État dévolues aux tribunaux
ordinaires et non à l'administration juge et
partie; l'abolition des municipalités existantes et
la création de municipalités nouvelles reposant
sur le principe de la population et non sur le
privilège des corporations; des États provinciaux
élus librement dans chaque généralité avec
double représentation pour le tiers et un président nommé à l'élection; le devoir imposé aux
assemblées municipales et paroissiales, aux ad-
ministrations d'hospices et d'établissement publics, de rendre leurs comptes chaque année
aux États de la province, qui auraient à rendre
les leurs aux États généraux.

Quant à la justice, la seconde ville de France,
qui relevait jusqu'alors du parlement de Paris,
réclamait l'établissement d'une cour souveraine
à Lyon, un juge de paix élu dans chaque paroisse
et la formalité de l'appel en conciliation préalable obligatoire pour les plaideurs, un avocat
des pauvres, un seul code civil, criminel, com-
mercial et agricole pour tout le royaume, l'égalité des peines, la publicité de l'instruction, le
premier interrogatoire de l'accusé devant trois
juges, le droit pour les accusés d'entendre prononcer sur leur élargissement dans les vingt-
quatre heures de leur arrestation, l'abolition de

la peine de mort pour crime de vol, l'amélioration physique et morale du régime des prisons, la simplification des formes de la procédure, l'adoucissement de la loi sur la contrainte par corps.

Dans l'ordre des questions d'église et d'assistance publique, les Lyonnais, après avoir rappelé la prédominance nécessaire en France de la religion catholique, apostolique et romaine, demandaient l'aliénation par le clergé lui-même d'une partie de ses biens pour purger sa dette, la suppression des dîmes, la nullité légale des vœux prononcés avant l'âge de vingt-cinq ans, la réunion à un monastère du même ordre de tout couvent contenant moins de sept religieux, la juridiction ecclésiastique réduite aux seuls cas qui touchent à l'administration des sacrements ou à la discipline canonique, un lieu de retraite pour les anciens vicaires atteints par l'âge et les infirmités, une école primaire gratuite dans chaque municipalité, des écoles gratuites aussi d'enseignement professionnel dans les villes, chaque paroisse nourrissant ses pauvres et la mendicité vagabonde interdite, les enfants trouvés recueillis par l'État et consacrés plus tard à son service dans l'armée.

Pour l'agriculture, les cahiers du tiers de Lyon résumaient ses droits en deux mots : *liberté* et *encouragement*. Puis ils énuméraient ses vœux en ces termes : suppression des droits sur les vins, boissons et denrées de première nécessité, énergiquement qualifiés d'*impôts destructeurs* ; suppression de l'odieuse gabelle ; libre commerce du sel et du tabac ; refonte des règlements sur la propriété et l'exploitation des carrières de charbon, de façon à diminuer le prix de ce combustible populaire ; droit reconnu aux censitaires de se racheter à prix d'argent de tous cens et rentes foncières ; les communes déclarées propriétaires incommutables de leurs biens actuels et remises en possession de ceux qui auraient été usurpés sur elles.

Mais c'est surtout dans la partie des cahiers où il est traité du commerce qu'on peut admirer ce ferme bon sens et cette probité prudente qui firent de tout temps la fortune et l'honneur des Lyonnais. Il leur fallait la destruction des péages, sauf indemnité aux propriétaires de ces droits onéreux ; l'abolition des droits de marque sur les fers et sur les cuirs, les premiers donnant en France un avantage réel aux fers de Suède sur les nôtres, les seconds ayant ruiné par leur exagération un commerce jadis opulent ; l'abolition des droits de marque et de jurande sur les toiles nationales, des droits sur les amidons, huiles, savons, papiers, cartons, et sur les matières destinées à alimenter les manufactures françaises ; les douanes et les barrières intérieures reculées jusqu'aux frontières ; un système uniforme de poids et mesures pour toute la France ;

l'élévation du taux de la compétence sans appel
des tribunaux de commerce ; l'exécution de leurs
sentences dans tout le royaume sans *pareatis;*
l'obligation imposée au négociant de soumettre
feuillet par feuillet ses livres au paraphe des
juges consulaires, et le refus d'admettre à traiter à l'amiable avec ses créanciers celui qui se
serait soustrait à cette formalité tutélaire. Les
faillis se distinguaient en trois classes : ceux
qui ne seraient que malheureux ou coupables
d'imprudences légères; ceux qui, étant livrés à
la dissipation habituelle, auraient contracté de
nouveaux emprunts après avoir connu leur in-
solvabilité ; ceux enfin qui auraient détourné des
effets, supposé des créances, falsifié leurs écri-
tures, ou négligé de faire au moins tous les deux
ans un inventaire général. Les premiers devaient
être renvoyés absous, les seconds frappés d'ad-
monition ; quant à ceux de la troisième catégorie, ils devaient être déclarés en état de banqueroute frauduleuse et condamnés aux galères
perpétuelles. En outre, les faillis auraient leurs
noms affichés dans la salle d'audience du tribunal de commerce, et seraient, comme tels, exclus
de la Bourse et déclarés incapables de remplir
aucun emploi ou fonction municipale. Par une
disposition d'une rigoureuse et saisissante mo-
ralité, cette indignité suivait les biens en quelques mains qu'ils eussent passé, et se transmet-
tait comme un héritage de honte, tant que la mé-

moire du failli n'avait pas été réhabilitée. Puis venait comme corollaire cette phrase terrible contre des mœurs qui tendaient dès lors à s'introduire dans le commerce : « Les États généraux sont invités à déclarer ennemis de la nation et indignes du nom de négociant les hommes assez vils pour se prostituer au jeu de l'agiotage. » Le même sentiment de la dignité d'une profession utile honnêtement et laborieusement remplie portait les rédacteurs du troisième ordre à réclamer contre l'achat des titres nobiliaires. contre l'adage héraldique que le commerce et l'industrie dérogeaient, et à proposer au gouvernement d'attribuer des grâces et des honneurs pour les fils de négociants qui resteraient fidèles au commerce et au nom de leurs pères. « Il est pour l'État d'une bonne politique, concluaient enfin les cahiers, d'accorder aide et protection particulière aux manufactures de Lyon et de Saint-Chamond, parce que leurs bénéfices se font sur l'étranger et se répandent en salaires sur les nationaux (1). »

(1) Les cahiers du tiers-état de Lyon portent au procès-verbal les signatures suivantes : Boscary, Dugas-Vialis, Rey, Faure de Montaland, Coudere, Florentin Petit, avocat, Lemontey, Jérôme Maisonneuve, Rivoiron, C.-M. Andrieu, Brunet, de Fréminville, Fornas, Ravier de Vaise, Dussurgey l'aîné, Berthelet de Barbot, Chapuis, Devermont, Trouillet, Marest de Saint-Pierre, Guérin, Dugelay, Breton, Lagef, Fournel, Maniquet, Perollet, Teyssot, Girerd, Desabiez, Simonnet, Bret, Nurer fils, Chasteignier, Lebrun, Martin, J. Venet, Olivier, Bouchet, Antoine Treynet, Miège, Brossette, Taboureux, Savy, Cuny, Mosnier, Durafort, Changeux, Pey-

N'oublions pas un vœu qui fait le plus grand honneur aux Lyonnais de 89, et qui a eu la singulière fortune depuis de passer plusieurs fois à l'état de loi pour revenir à l'état de vœu. « La liberté de la presse sera admise, disaient les cahiers du tiers ; mais tout écrit contraire à la religion ou à la décence, ou attentatoire à la réputation des personnes, sera considéré, flétri et puni comme libelle. » De leur côté, les cahiers de la noblesse lyonnaise énuméraient comme un droit nécessaire au citoyen « la liberté de la presse indéfinie sur toute matière qui aurait rapport à la politique, aux sciences et aux arts, sauf les précautions à statuer pour la religion, les mœurs et les personnes. »

L'assemblée du tiers-état avait huit représentants à élire, quatre pour la ville et autant pour la campagne. Aux termes de l'ordonnance du 24 janvier, qui prescrivait fort sagement le vote à deux degrés, elle commença par nommer cent cinquante électeurs chargés à leur tour d'élire les huit députés. Les choix se portèrent, pour la ville, sur MM. J.-J. Millanais, bourgeois de

rand, Alhumbert, Monchand, Janet, Beaulieu dit Ruby, Thaullot, Cattini, Julien, Griffon. Hugand, Bouvard, Peytout, Comte, J. Thierry, J.-L. Second, Decheneau, Muraillat, Germain, Biclet, Perret, Claude Morel, André Chifflet, Claude Giraud, J.-B. Faure, Dodat aîné, Fleury, Chevalier, Benoît Clerc, J. Caminet, Michel, Bressaud, Daniel Roux, Revol aîné, Chevassu, Menissier, Blanc, Pigaud, Dubost, Fayolle, Candy, Carret, Maillot, Millanais, Goudard, Brunet, Périsse-Duluc, Malinas, Morel, Tabard, Rast, Basset, lieutenant général, et Fléchet, greffier.

Lyon, Jean-André Périsse-Duluc, libraire, Benoît Couderc, négociant, Louis Goudard, négociant, et pour la province du Lyonnais, sur MM. Jean-Marie Bouchardier, bourgeois de Saint-Julien-en-Jarrest, Girerd, médecin à Tarare, Trouillet, négociant à Charlieu, et Laurent Basset, lieutenant général de la sénéchaussée. Ce digne magistrat n'ayant pu se décider à quitter des fonctions où il avait su se rendre populaire, l'assemblée le remplaça par Nicolas Bergasse, avocat à Paris (1). Si j'en juge par les trois tours de scrutin qui sont consignés au procès-verbal et par un écrit de Dominique Bergasse se plaignant de ce que Lyon avait ses Beaumarchais, l'élection du célèbre publiciste ne fut pas enlevée sans résistance.

Pendant ce temps, le clergé et la noblesse avaient aussi rédigé leurs cahiers et nommé leurs députés. La première recommandation faite par les deux ordres privilégiés à leurs mandataires, c'était de se considérer non comme les représentants d'un ordre particulier, mais comme les représentants de la nation. Tous les principes qu'on a aiguisés depuis en armes de combat entre les diverses classes de notre société française se virent en ces jours heureux hautement proclamés et réclamés comme la foi et la garantie

---

(1) M. Bouchardier n'accepta pas non plus d'aller à Paris, et fut remplacé par M. Et. Durand, tanneur à Saint-Maurice-sur-Dargoire.

de chacune d'elles. La monarchie constitutionnelle, fondée sur l'accord de la nation, des États
généraux et du roi, était évidemment la croyance
et le vœu sincère des trois ordres. Aucun détail
ne fut négligé comme indigne de l'assemblée qui
allait avoir à réorganiser tout l'appareil de la
politique et des lois. Je n'ai pu me défendre de
frémir en rencontrant dans les cahiers de la noblesse le vœu que le supplice de trancher la tête
devînt commun désormais à tous les condamnés
à mort, à quelque ordre qu'ils appartinssent.
Les rédacteurs des cahiers ne se doutaient pas à
quel point ils allaient être exaucés, et que la
guillotine serait un jour jugée trop lente contre
les héroïques défenseurs de Lyon !

Les élus des deux premiers ordres, qui réunis
devaient égaler en nombre la représentation accordée au troisième, furent pour le clergé : l'abbé
de Castellas, doyen de la primatiale ; M. Flachat,
licencié en droit, curé de Saint-Chamond; M. Mail-
let, bachelier de Sorbonne, curé de la paroisse de
Rochetaillée en Franc-Lyonnais ; M. Chorier de
la Roche, docteur de Sorbonne, prévôt du chapitre
d'Ainay et curé de cette paroisse. Pour la noblesse,
les quatre représentants furent : le marquis de
Mont-d'Or, seigneur de Charpieu, président de
l'ordre ; M. Barthélemy de Boisse, le marquis
de Loras, et M. Deschamps, écuyer, secrétaire de
l'ordre et membre de l'Académie de Lyon.

Ces diverses nominations ayant été communiquées mutuellement entre les trois chambres, une grande cérémonie eut lieu dans l'église de Saint-Bonaventure pour la prestation du serment des députés à leurs électeurs et la remise des cahiers. Le lieutenant général de la sénéchaussée ouvrit la séance en félicitant ses concitoyens des trois ordres du spectacle de concorde et de générosité qu'ils venaient de donner. Puis, ayant appelé les nouveaux élus au milieu de la nef, il remit à chacun un exemplaire des cahiers de leur ordre, et lut à haute voix le serment. Les députés du clergé, la *main sur le pect*, comme s'expriment les procès-verbaux, les quatre de la noblesse et les sept du tiers-état, la main levée vers le sanctuaire, répondirent un à un : « Je le jure. » Quant au huitième, qui était Bergasse, on lut de lui une lettre datée de Paris, par laquelle il acceptait avec respect, disait-il, la députation dont avait bien voulu l'honorer le tiers-état du plat pays de la sénéchaussée de Lyon. On ne remarqua pas sans doute alors, mais nous pouvons le remarquer aujourd'hui, que le ton du célèbre avocat respirait la tristesse plutôt que l'enthousiasme, et qu'au milieu de l'engouement de ces jours si beaux le nouveau député osait parler « des circonstances malheureuses » où le pays se trouvait (1).

____

(1) *Journal de Lyon et des provinces de la généralité,* du 23 avril 1789.

Le 5 mai suivant, le roi Louis XVI ouvrait à Versailles la session des États généraux. Douze cents députés, prêtres, nobles, bourgeois, se levèrent au cri de *Vive le roi!* au moment où le chef héréditaire de la nation, suivi de la reine et des princes de sa maison, fit son entrée dans la salle : « Messieurs, dit-il d'une voix émue, le jour que mon cœur attendait depuis longtemps est enfin arrivé, et je me vois entouré des représentants de la nation à laquelle je me fais gloire de commander. » Puis, après avoir parlé de la dette immense qui pesait déjà sur le royaume au moment de son avènement, et dont le chiffre s'était encore accru par la guerre d'Amérique, le roi signalait fermement aux députés la nécessité de mettre fin à l'inquiétude générale des esprits, qui ne tarderaient pas, annonçait-il, à s'égarer dans un désir exagéré d'innovations, si l'on ne se hâtait de le fixer par une réunion d'avis sages et modérés.

Malgré l'attrait toujours nouveau de cette histoire si souvent répétée des premiers jours de la liberté politique en France, je ne me laisserai pas aller à la raconter à mon tour. Entre les divers partis qui allaient se rencontrer dans l'arène parlementaire, Bergasse avait depuis longtemps marqué sa place; sa réputation était tellement éclatante qu'on peut dire qu'il entrait aux États généraux comme il était entré, quinze ans avant, dans la salle de l'Hôtel-de-Ville de Lyon, précé-

dé par un bruit de fanfares. Rien ne lui manquait
de ce qui peut assurer le succès d'un homme
politique, ni le talent, ni les convictions, ni l'ambition, ni même des ennemis. Les courtisans, qui
regrettaient le duumvirat de Loménie de Brienne et de Lamoignon, détestaient l'avocat qui avait
marqué ce ministère du fer rouge de son éloquence ; le parti des parlements redoutait en
lui un protecteur éclatant et mécontent ; enfin
les esprits à systèmes qui visaient à s'imposer à l'assemblée lui reprochaient de tenir autant que pas un d'eux à ses conceptions personnelles.

L'attention publique se portait donc sur le
député du tiers-état de Lyon, alors dans la force
de l'âge, et doué, d'après une gravure que beaucoup de ses concitoyens doivent avoir trouvée
à leurs foyers, d'une figure singulièrement
expressive dans sa régularité.

Dès le 19 mai, Nicolas Bergasse était désigné
comme l'un des seize commissaires conciliateurs
chargés par l'assemblée des communes de s'entendre avec l'ordre de la noblesse, qui prétendait
vérifier à part les pouvoirs de ses députés. Leurs
efforts, on le sait, furent infructueux. Le roi
ordonna au garde des sceaux d'interposer sa
médiation, et ne fut pas plus heureux. Les têtes
se montaient sur cette irritante question de la
distinction des trois ordres, qui était, au fond,
toute la Révolution. Que les députés du tiers

eussent consenti à la plus mince concession, et c'en était fait du principe de l'égalité devant la loi. Pourquoi, en effet, aurait-on tenu si obstinément à garder les trois ordres séparés, si ce n'était pour continuer à reconnaître aux deux premiers des droits et des faveurs refusés au troisième ? Bergasse fut un des tenants de son ordre dans cette querelle, non seulement au sein de la commission intermédiaire, mais à la tribune. Il s'agissait de décider quel nom prendrait cette réunion réduite à six cents députés, qui n'était pas toute l'assemblée, et qui ne voulait plus s'appeler la chambre du tiers-état. Mirabeau proposait sans plus de façon le titre de *représentants du peuple*, et s'indignait des murmures qui repoussaient sa motion. Sieyes, moins emporté, préférait *assemblée des représentants de la nation*, ou plus simplement *assemblée nationale*. Bergasse appuya fortement cet avis. La dénomination de *représentants du peuple* lui semblait faite pour éloigner encore les deux premiers ordres, à cause du sens exclusif qu'on ne manquerait pas d'attribuer au mot *peuple*. En même temps, l'orateur lyonnais présentait à ses collègues l'éloquent résumé de ce qu'ils auraient à dire au clergé, à la noblesse et au roi pour terminer ce différend. Malgré les éclats de colère de Mirabeau, le succès de Bergasse fut très grand : non seulement la proposition qu'il soutenait fut adoptée, mais l'assemblée le chargea expressément d'en informer le roi. Une adresse, rédigée par Bergasse, Barnave et Chapelier, fut lue à la même séance et adoptée avec acclamation ; elle eut aussi un plein succès auprès du monarque, dont le cœur inclinait depuis le premier jour vers la réunion des ordres.

Effrayé du déchaînement de l'opinion qui commençait à confondre la couronne dans la cause des abus et des privilèges, Louis XVI manda auprès de lui le prince de Luxembourg, président de la chambre de la noblesse, et lui demanda de mettre fin à cette dangereuse scission. En vain M. de Luxembourg voulut-il effrayer son auguste interlocuteur, en vain essaya-t-il de lui démontrer que la couronne allait baisser inévitablement dans l'opinion dès qu'elle ne serait plus l'unique personnification du pays, Louis XVI, plus ferme que d'habitude, répondit : « Dites à l'ordre de la noblesse que je le prie de se réunir aux deux autres ; si ce n'est pas assez, je le lui ordonne ; comme son roi, je le veux (1). »

Le cardinal de La Rochefoucauld, président de la chambre du clergé, reçut aussi la même injonction, moins nécessaire pour son ordre que pour celui de la noblesse, car un grand nombre de députés ecclésiastiques étaient venus depuis longtemps se réunir au tiers-état.

Le 14 juillet suivant, le jour même où le peuple de Paris démolissait la Bastille, l'assem-

(1) *Moniteur universel* du 4 au 6 juillet 1789.

blée entreprenait de jeter les bases de la nouvelle constitution. Une commission de huit membres était nommée pour lui en présenter le projet. Ces huit membres, que la confiance de leurs collègues était allée chercher à dessein dans les trois ordres désormais confondus, furent, pour le clergé, M. de Cicé, archevêque de Bordeaux, et M. de Talleyrand-Périgord, évêque d'Autun, deux prélats dont un, au moins, ne passait pas pour trop imbu des préjugés de son ordre ; pour la noblesse, deux partisans déclarés des idées nouvelles, MM. de Clermont-Tonnerre et de Lally-Tollendal ; pour le tiers-état, quatre théoriciens de l'école de Montesquieu : Mounier, l'abbé Sieyes, Chapelier et Bergasse. Entre ces huit commissaires, l'accord, on le voit, était fait d'avance sur les questions principales. Dès le 27 juillet, l'archevêque de Bordeaux venait lire à la Constituante un projet de déclaration des droits, et M. de Clermont-Tonnerre une curieuse analyse des vœux contenus dans les cahiers.

Nous entendons souvent demander ce qu'il faut croire de ces fameux principes de 89 que tout le monde invoque et qu'on s'abstient généralement d'énumérer. La réponse n'est ni dans les préambules de nos chartes, ni dans les dissertations des publicistes ; elle est tout simplement au *Moniteur*.

D'après le rapport de la commission de constitution, les vœux des cahiers se partageaient en vœux unanimes et vœux de la très grande majorité des bailliages. Ceux sur lesquels les cahiers se prononçaient d'une seule voix étaient au nombre de dix, savoir : l'inviolabilité de la couronne dans la famille actuellement régnante (1) ; l'hérédité de mâle en mâle ; le roi dépositaire du pouvoir exécutif ; la responsabilité des agents de l'autorité ; la sanction royale nécessaire pour la promulgation des lois ; la loi faite par la nation avec la sanction du roi ; le consentement national nécessaire à l'emprunt et à l'impôt ; l'impôt voté seulement d'une tenue d'États à l'autre ; la propriété inviolable ; la liberté individuelle sacrée. Tel est le sommaire trop souvent oublié ou mutilé des principes de 89 ; tous ne sont pas contenus dans ce décalogue, mais ceux-là seuls qui y figurent furent réclamés dans tous les cahiers.

D'autres vœux venaient ensuite sur la permanence ou la périodicité de l'assemblée ; sur les deux chambres et le droit de dissolution laissé au roi ; sur l'exclusion électorale de ceux qui posséderaient charge, emploi ou place à la cour ; sur l'abolition des lettres de cachet ; sur l'inviolabilité des paquets confiés à la poste ; sur la liberté de la presse, c'est-à-dire la libre communication des pensées, comme s'exprimait le

(1)« La loi constitutionnelle, disaient les cahiers du tiers-état de Lyon, consacrera l'ordre établi pour la succession au trône dans la famille régnante, de mâle en mâle et d'aîné en aîné. »

noble rapporteur. Ceux-là, ayant pour eux la quasi-unanimité des cahiers, méritent assurément de compter aussi parmi les principes de 89.

Ce que la France a voulu à cette époque ne peut donc être un mystère pour personne, car elle l'a écrit dans ses cahiers, et on l'a dit pour elle devant ses mandataires. Ainsi se trouvait résolue, avant d'être publiquement engagée, une discussion dont il ne serait plus question depuis longtemps, si les procès d'idées se décidaient, comme les procès d'affaires, par une simple production de pièces.

Bergasse, à qui l'on avait souvent reproché une certaine affectation à se poser en réformateur de l'État, fut chargé de préparer un travail sur la réorganisation de l'ordre judiciaire. Le rêve de sa vie était accompli. Il n'était plus l'avocat au parlement, le défenseur de son ami Kornmann ; il parlait en législateur, il tenait la plume pour la nation. L'éminent publiciste commença par établir que le premier objet des lois est d'assurer à chacun de nous la jouissance des droits qui lui appartiennent en vertu de la constitution. Les lois sont donc les vraies garanties de la liberté. La liberté a deux applications distinctes et naturelles : — politique, elle consiste dans le droit reconnu à tout citoyen de concourir, soit par lui-même, soit par ses représentants, à la formation de la loi ; — civile, elle est la faculté de faire tout ce qui n'est pas défendu par la loi. Bergasse marquait ainsi combien sont vaines et misérables ces distinctions qu'on entend proposer quelquefois entre la liberté politique, dont il serait permis de faire bon marché, et la liberté civile, seule nécessaire au bonheur des États. Ce sont là évidemment des équivoques de Bas Empire. Toute liberté est nécessairement politique. Ce n'est que lorsqu'elle n'existe pas dans la constitution qu'on est réduit à la chercher dans les codes. La liberté civile, fille de la liberté politique, a pour organes les tribunaux. Le gouvernement ne doit en aucun cas dépendre d'eux, et ils ne doivent jamais dépendre du gouvernement. Ni droits d'enregistrement, ni lits de justice. Avec le régime de la liberté politique définitivement conquise, il paraît inutile de garder de puissantes compagnies de magistrats qui ne manqueraient pas d'entrer en conflit avec la représentation nationale appelée à les remplacer. Le moyen d'enlever à l'institution judiciaire l'importance politique qu'elle a eue jusqu'à présent serait d'augmenter le nombre des cours et de diminuer notablement dans chacune d'elles celui des conseillers. L'idée que le droit de juger peut se transmettre et s'acheter comme un droit privé est une idée anarchique. Ni vénalité, ni hérédité des charges.

On voit assez comme cette argumentation sapait par sa base le vieil édifice des parlements. Cette vénérable représentation de la justice sous l'ancien régime, par qui le pays s'était donné plus d'une fois l'illusion de la liberté politique, n'obtint que l'hommage de quelques regrets : « Malheureusement, disait le rapporteur de la Constituante, quand on est appelé à fonder sur des bases durables la prospérité d'un État, ce n'est pas de reconnaissance qu'il faut s'occuper, mais de justice. »

Si l'ancien orateur de la grand'chambre n'épargnait pas les critiques à l'illustre tribunal qu'il avait si vaillamment défendu jadis contre les réformes de M. de Lamoignon, il ne se montra pas moins audacieux dans son plan d'organisation nouvelle. Au prince seul le droit de nommer les juges, mais aux assemblées provinciales le premier droit de désigner au prince les candidats entre lesquels son choix aurait à s'exercer. La justice doit être gratuite ; elle est, comme le dit logiquement l'expression ordinaire : *rendre la justice,* une dette de la société envers chacun de ses membres. Rendre n'est pas vendre. L'instruction des affaires criminelles doit être publique ; elle ne doit pas chercher seulement à trouver des coupables, elle a aussi pour mission de justifier des innocents. Le magistrat qui accuse ne peut être le même que le magistrat qui prononce la peine. Le jury est le vrai tribunal criminel des peuples libres ; il est de rigueur dans les affaires politiques ; il faut même chercher à l'appliquer, comme les Anglais, aux affaires civiles. Les tribunaux de police doivent être nommés par le peuple, sans aucune intervention du prince, et seulement pour un temps déterminé. Toute peine qui n'est pas nécessaire sera proscrite, comme une violation des droits de l'homme et un attentat du législateur contre la société. La peine de mort sans torture sera la plus forte qui puisse être prononcée contre un coupable ; elle ne devra l'être que dans le cas de meurtre ou de haute trahison. Les tribunaux d'exception cessent d'exister. Chaque province aura sa cour suprême de justice composée au plus de deux présidents, de vingt conseillers, de deux avocats généraux et d'un procureur général. Chaque district aura un tribunal de second ordre, et chaque ville, bourg et paroisse un juge de paix choisi par la municipalité dans une liste de notables dressée par la loi.

Ce rapport, dont les principes ont pour la plupart mérité de passer dans nos codes, se terminait par un énergique et douloureux appel au véritable esprit de 89, déjà débordé par l'esprit de révolution. « Jamais empire, s'écriait Bergasse, ne s'est trouvé dans un état de dissolution plus déplorable que celui-ci. Tous les rapports sont brisés, toutes les autorités sont méconnues, tous les pouvoirs anéantis ; on renverse toutes les institutions avec violence, on commande tous les sacrifices avec audace, on s'affranchit avec impunité de tous les devoirs. Chaque jour éclaire de nouveaux excès, de nouvelles vengeances. Les crimes se multiplient de toute part, et la palme de la liberté ne s'élève au milieu de nous que couverte de sang et de pleurs. » Quel triste tableau à opposer aux radieuses espérances du mois de mai précédent ! « Je sais, ajoutait prophétiquement l'orateur du tiers-état, qu'une grande anarchie produit promptement une grande lassitude, et que le despotisme, qui est une espèce de repos, a presque toujours été le résultat nécessaire d'une grande anarchie. Il est donc plus important qu'on ne pense de mettre fin aux désordres dont nous gémissons... Les hommes qui se méfient toujours sont nés pour la servitude. Ce n'est que pour les grands caractères que la Providence a fait la liberté. D'accord avec le roi que vous venez de proclamer à si juste titre *le restaurateur de la liberté française,* rétablissons le calme dans les provinces ; que pour l'honneur de l'humanité cette révolution soit paisible et qu'aucun jour de désolation ne vienne se mêler aux jours qui vont se succéder (1). »

Le discours de Bergasse, ajoute le *Moniteur,* fut vivement applaudi, et l'assemblée en ordonna l'impression.

Deux autres écrits importants, le premier sur les rapports à établir entre les trois pouvoirs, le second sur les crimes de haute trahison, prou-

(1) *Moniteur* du 13 août 1789.

vent la part active et dominante que le député
de Lyon sut prendre aux travaux du comité de
constitution. A cette question, qui se posa dès
les premières séances et qui est à elle seule tout
le problème de la liberté constitutionnelle :
Comment déterminer les limites du pouvoir exécutif et du pouvoir législatif dans une monarchie
libre ? l'éminent publiciste répondait en demandant d'abord pour le corps législatif la permanence de sa durée et l'initiative de la proposition des lois. S'il y a un moment, en effet, où
la représentation nationale puisse être censée ne
plus exister, ce moment sera celui de l'absolutisme rétabli. Si le droit de proposer des lois
est laissé au monarque seul, il ne présentera que
des lois favorables à sa prérogative, et le corps
législatif, condamné à l'action ou à l'inaction, suivant les fantaisies du gouvernement, restera
sans influence sérieuse sur les affaires. »

On sait que l'assemblée ne fit nulle difficulté
d'adopter l'avis de son comité sur ces deux
points qui consacraient sa puissance. Mais il
n'en fut pas de même des deux garanties que
Borgasse réclamait comme nécessaires à la dignité du pouvoir royal : je veux dire les deux
chambres et le droit de *veto* absolu. Toute l'é-
cole libérale s'exprimait déjà d'une seule voix
sur le danger, tant pour le roi que pour la liberté, de livrer à une chambre élective unique
le droit de parler au nom du pays. « Ne souffrez

pas, écrivait Lafayette, qu'il n'y ait qu'une chambre, ni que le sénat soit de la même composition que la chambre des représentants. Ne souffrez pas que la prérogative royale soit diminuée au delà de ce qui nous est nécessaire, particulièrement dans ce qui a rapport à l'armée et à la politique étrangère. Priez toutes vos connaissances de ne pas faire la folie d'une seule chambre (1).»

Quant au *veto*, il le fallait absolu, suivant Bergasse. S'il n'était pas établi, disait-il qu'aucun acte de l'assemblée n'aurait force de loi qu'après avoir été librement consenti par le prince, le pouvoir de l'assemblée serait illimité, et tout pouvoir illimité est contraire à l'essence même d'une constitution libre. La France, qui avait applaudi au courage des parlements refusant d'enregistrer des édits impopulaires, ne comprendrait pas que le premier magistrat de la nation fût condamné à exécuter des mesures qu'il n'aurait pas approuvées. Toutes les consciences ne pouvaient être libres, excepté la sienne. La constitution, palladium inviolable des droits du peuple, ne devait pas être pour le chef du peuple un fardeau et une honte. « Puisqu'il vous faut une constitution monarchique, concluait Bergasse avec une hauteur de raison à laquelle on n'a su s'élever ni en 1789, en 1814, ni en 1830, acceptez-la en hommes de sens, avec

(1) Lettre inédite de Lafayette citée par M. Mortimer-Ternaux dans son *Histoire de la Terreur*.

ses conditions indispensables ; organisez l'accord et non la guerre civile entre les deux pouvoirs ; mettez des bornes à la volonté du monarque, mais ne cherchez pas à le déshonorer. »

Un détail personnel vint prouver à l'écrivain combien on marchait vite en effet vers le moment où le pouvoir de l'assemblée allait devenir le seul pouvoir. Empêché par la précipitation des meneurs de la majorité de prononcer ce discours à la tribune, et voulant le faire connaître au pays, il fut obligé d'avoir recours à un imprimeur de sa ville natale (1). Les boutiques de Paris regorgeaient de pamphlets contre Louis XVI et sa famille, mais personne à ce moment n'osait prendre parti contre un décret rendu par la Constituante. Elle n'avait pas cependant six mois de durée, et l'on n'était encore qu'au mois de septembre 1789 !

En décidant, contre le vœu de la majorité des membres du comité de constitution, que la représentation nationale ne serait pas scindée en deux chambres, et que le roi n'aurait que le *veto* suspensif, les députés cédaient évidemment à la crainte de voir reparaître la division des ordres et l'arbitraire ministériel. Ils ouvraient sans le vouloir les Tuileries à l'émeute et leur propre enceinte à la domination des clubs. « Si cette folie d'une convention nationale permanente

(1) Chez Aimé de la Roche, à Lyon, aux Halles de la Grenette.

n'est pas rétractée, disait Lafayette, la France est perdue, la révolution est manquée (1) ! » C'était aussi l'avis de Bergasse, de Mounier et de Lally-Tollendal, qui se retirèrent de la commission après le refus de l'assemblée, déclarant qu'ils ne sauraient, quant à eux, fonder sur ces bases nouvelles l'édifice de la liberté publique. L'assemblée, considérant la commission comme dissoute par cette triple retraite, en nomma une nouvelle composée de MM. Thouret, l'abbé Sieyes, Target, Talleyrand, Desmeuniers, Rabaud Saint-Étienne, Tronchet et Chapelier.

Mais la révolution pressait le pas derrière les votes de l'assemblée devenue omnipotente. La populace, déjà mise en goût de massacres le 14 juillet, après la prise de la Bastille, venait d'apprendre le chemin des demeures royales. La funeste nuit du 5 au 6 octobre avait vu le palais de Versailles envahi, les gardes du corps tués à leur poste, la reine poursuivie de chambre en chambre par les assassins, le roi forcé de paraître au balcon et de promettre à cette tourbe de se laisser ramener le lendemain à Paris. La garde nationale, commandée par Lafayette, qui était arrivée en force à Versailles, ne reçut aucun ordre. L'assemblée, siégeant en permanence dans le tumulte d'une séance de nuit, ne sut que s'ajourner au lendemain. Un grand nombre de

____

(1) *Histoire de la Terreur*, par M. Mortimer-Ternaux.

ses membres, disons-le à leur honneur, profitèrent de leur liberté pour courir à la défense du roi. Bergasse fut un de ceux-là. Les souvenirs de cette affreuse nuit passée dans le château de Louis XIV, en face de l'émeute hurlante et non réprimée, restèrent, au dire de ceux qui l'ont connu, un des récits les plus émouvants de sa vieillesse.

Louis XVI, rentré à Paris au milieu d'une escorte de scélérats qui portaient les têtes de ses gardes au bout de leurs piques, ne devait plus se retrouver roi qu'en gravissant les marches de l'échafaud. La vraie royauté était restée à Versailles avec l'Assemblée nationale. C'est à elle que le parlement, la cour des aides, la cour des comptes, le bureau des finances, l'université de Paris vinrent le lendemain apporter leurs doléances et leurs hommages. C'est à elle qu'arrivèrent par milliers des adresses et des députations de la province, lui confiant le devoir de sauver le pays et d'établir la liberté. En même temps, les soixante districts de la capitale, représentés par leurs délégués à l'Hôtel-de-Ville, où ils fondaient déjà cette redoutable puissance de la Commune qui devait, en des jours affreux, se substituer à la représentation nationale, lui demandaient de quitter Versailles et de venir rejoindre le pouvoir exécutif à Paris. Déjà, elle avait entendu Mirabeau, accusé de complicité dans les événements des 5 et 6 octobre, dire, à l'occasion des scènes sanglantes où Flesselles, Delaunay, Foulon et Berthier avaient été mis en pièces, que si de pareils faits s'étaient passés à Constantinople, personne à Paris ne s'en serait ému, et qu'on aurait dit tout simplement que le peuple s'était fait justice (1). Ainsi l'audace du paradoxe répondait avec empressement à l'audace du crime, et l'on déclarait ne pas devoir s'étonner chez les Français de ce qui nous paraîtrait tout naturel chez les Turcs.

Les trois démissionnaires du comité de constitution jugèrent dès lors qu'il fallait ne plus rien espérer d'une assemblée dominée par les complices de l'émeute, et s'abstinrent, à tort selon nous, de reparaître dans son sein. Aucune période de la Révolution, il faut le reconnaître, ne dut être plus décourageante pour les derniers défenseurs de l'ordre et du roi que les quelques mois qui vont du milieu de juillet au milieu d'octobre 1789. C'est le moment où tout s'écroule sans que n'apparaisse nulle part le frein nécessaire du devoir et de l'autorité. Ce n'est certes pas l'emphatique déclaration des droits qui pouvait en tenir lieu ! L'antique société à trois étages mise au niveau du sol, la royauté insuffisamment

____

(1) « Si les scènes qui ont lieu à Paris s'étaient passées à Constantinople, les hommes les plus timorés diraient que le peuple s'est fait justice. La mesure était comble, la punition d'un visir deviendra la leçon des autres... Cet événement, loin de nous paraître extraordinaire, exciterait à peine notre attention. » (18e lettre à ses commettants.)

représentée par Louis XVI et compromise plutôt
que défendue par le parti de la cour ; le clergé,
divisé lui-même en aristocratie et en tiers-état,
et tendant d'avance les mains aux liens de la constitution civile ; la noblesse toujours fidèle au
trône mais ne lui apportant ni force ni lumière ;
la magistrature condamnée par la loi et hier hostile, aujourd'hui se survivant pour quelques jours
à elle-même ; l'armée atteinte dans sa discipline
et se laissant remplacer ou tenir en échec par
la garde nationale ; l'administration échappant
chaque jour au gouvernement pour s'asservir
aux passions locales ; les paysans soulevés contre les impositions anciennes ou nouvelles et
brûlant les châteaux, en attendant le partage
des terres ; le crédit public tellement réduit à rien
qu'un emprumt de 30 millions, jugé nécessaire
pour la marche des services, ne trouva pas pre-
neur, et qu'un autre de 80 millions, tenté cette fois
par Necker lui-même, ne réussit pas d'avantage ;
enfin et surtout la ville de Paris déjà dominée par
les clubs, qui venait de reconquérir son roi et qui
n'avait pour se sauver d'elle-même que Bailly à
l'hôtel-de-ville et Lafayette à la tête de la milice
citoyenne !

Contre les dangers d'une telle situation, il ne
restait que l'Assemblée nationale, mais ce n'était
qu'un danger de plus puisque le *Contrat social*
était son évangile et que le *veto* absolu avait été
refusé au roi. Raison de plus pour y rester ! La

cause de 89 pouvait encore être servie, si non
sauvée, et les trois mécontents eussent été à leur
place au milieu de leurs amis du centre droit.

Pendant que Mounier, qui avait présidé contre
Mirabeau la séance du 5 octobre, se réfugiait
à Genève ; pendant que Lally-Tollendal, d'une
famille d'Irlande, allait intéresser ses compatriotes d'origine aux malheurs de son père, Bergasse restait à Paris, suivant de l'œil la marche
du comité de constitution, et ne négligeant aucune
occasion de jeter au pays le cri d'alarme du
patriote éclairé et courageux. Une occasion ne
tarda pas à être offerte de couvrir d'un sérieux
et honorable prétexte politique une détermina-
tion où ses ennemis n'avaient voulu voir que le
dépit de la vanité. En février 1790, un serment
fut demandé à tous les membres de la Constituante. Ce n'était plus le simple et loyal serment
des députés de 1614 : « Je promets et je jure
devant Dieu et sur les saints Évangiles de dire
tout ce que je penserai en ma conscience être de
l'honneur de Dieu, le bien de son Église, le service du roi et le repos de l'État. » Le nouveau
serment avait deux parties : fidélité à la nation,
à la loi et au roi, et maintien inviolable de la constitution. Le député de Lyon se déclara prêt à
venir prendre le premier engagement, mais il
refusa péremptoirement le second ; sa lettre à
M. Bureaux de Puzy (1), président du mois de

(1) Du 7 février 1790.

l'assemblée, est une critique à fond de l'œuvre de
la Constituante, qui n'était encore qu'à l'état d'é-
bauche. « Votre projet de constitution est-il monarchique, ou républicain ? demandait-il. Il n'est
pas monarchique, car le prince n'en fait pas
partie intégrante, et s'il vous plaisait demain de
l'enbannir, votre projet y gagnerait au moins
du côté de la logique. Est-il républicain ? pas
d'avantage ; car, outre que vous gardez un roi
au moins de nom, vous concentrez tous les pouvoirs sur une assemblée unique, sans mettre
dans la main du pays le moindre frein pour mo-
dérer cette omnipotence. De plus, la constitution
est loin d'être terminée ; comment adhérer d'a-
vance à un texte qui n'est pas complet ? jurer
de le terminer, soit ; mais de le maintenir, cela
ne paraissait pas sérieux. Pourquoi se désister
du droit évident de revenir sur la première
ligne tant que la dernière n'est pas écrite ? Et
l'appel à la nation ? si l'on renonce à en appeler
à soi-même, le mettra-t-on aussi de côté ? Les
députés ne sont cependant que les secrétaires du
pays dont ils ont reçu mandat et auquel ils doivent soumettre leur œuvre. » Ici, nous voyons
apparaître pour la première fois cette idée per-
sistante du côté droit de recourir au peuple contre le despotisme de la majorité : protestation
naturelle aux minorités opprimées, mais condamnée à l'impuissance, et qui devait frapper
inutilement tous les actes du pouvoir législatif

depuis la constitution de 91 jusqu'au vote du
21 janvier.

Loyseau, rédacteur du *Journal de législature*,
répondit à cette lettre de Bergasse, qui eut,
comme tous les écrits du célèbre publiciste, un
immense retentissement. Aux récriminations du
député défectionnaire il opposa les acclamations
des députés restés à leur poste et l'enthousiasme
du public présent à la séance, qui avait voulu être
admis sur-le-champ à prêter serment et l'acceptation du roi, et le spectacle de Paris répétant le
soir, dans les districts, dans les églises, sur les
places, la formule adoptée par l'assemblée, et les
provinces imitant cette ferveur patriotique ; si
bien, ajoutait le journaliste, qu'il n'y aurait bientôt
personne dans toutle royaume, ni homme, ni
femme, ni enfant, qui n'ait juré foi et hommage
à la constitution, Bergasse excepté. Ce tableau
du jurisconsulte Loyseau n'était point exagéré. La
France fut possédée, au printemps de 1790,
d'une véritable frénésie de serment. Ce qu'il y
avait au fond de ce mouvement, que l'histoire
sérieuse n'a pas le droit de traiter légèrement,
ce n'était pas, comme l'objectait Bergasse, la folle
idée de s'enfermer irrévocablement dans une
constitution dont les assises sortaient à peine du
sol, c'était le besoin instinctif de rompre sans
retour avec l'ordre de choses condamné en 89.

Le 19 avril suivant, le député de Lyon adressait une nouvelle lettre au président de la Cons-

tituante. Éloigné de ses collègues par son refus de serment, mais se tenant toujours pour obligé envers ses commettants, il regrettait, disait-il, de ne pouvoir développer à la tribune son opposition au décret sur les assignats-monnaie. Dans sa conviction, qui était d'ailleurs celle d'un homme très entendu en finances, cette mesure contenait en germe la ruine inévitable de l'État. On se rappelle que quatre cent millions d'assignats venaient d'être créés sur les biens du clergé, qui devaient être vendus par la nation pour une somme égale. Le clergé avait offert d'effectuer lui-même cette aliénation et d'en verser le prix dans les caisses publiques ; mais accepter cette offre à la fois généreuse et politique, c'eût été consacrer le droit de propriété pour l'ordre ecclésiastique, et c'est précisément de ce droit qu'on avait juré de voir la fin. Bergasse réclamait donc comme moraliste contre cet odieux caractère de confiscation introduit de parti pris dans la loi, et comme financier contre le cours forcé du nouveau papier-monnaie, qui ne pouvait aboutir qu'à la banqueroute.

Son antagoniste, cette fois, fut le marquis de Montesquiou, rapporteur obligé du comité des finances depuis un an, qu'il faut bien se garder de confondre avec l'abbé de Montesquiou, qui était aussi à la Constituante et votait avec la droite. M. de Montesquiou, ancien menin des enfants de France, ancien écuyer du comte de

Provence, ayant eu la fâcheuse idée de ne pas se
refuser quelques personnalités contre Bergasse en
défendant le projet du comité, s'attira cette fou-
droyante réplique : « Dans notre révolution si
misérablement conduite, je n'ai pas eu besoin,
moi, pour devenir libre, de devenir ingrat, et il
ne m'a pas fallu changer de place pour être à la
mienne ! » A l'assemblée, qui avait brusquement
fermé le débat au moment où l'abbé Maury
montait à la tribune, et refusé, comme M. de Calonne quatre ans avant, de laisser examiner ses
comptes, il reprochait amèrement d'être asservie
au club des jacobins, « espèce de corps législatif,
ajoutait-il avec dédain, pour lequel mes commettants ne m'ont accordé aucune mission ».

En même temps il terminait par cette belle et
triste déclaration une lettre adressée aux Lyonnais : « Il est temps, pour moi, de quitter cette
carrière où je ne vois plus que le bien soit possible, et où les jours ne se succèdent que pour
ajouter à ma tristesse. Vous recevez incessamment ma démission, Messieurs... J'ai gardé mon
poste tant que j'ai espéré des circonstances plus
calmes et le retour des opinions saines et modé-
rées ; je n'espère plus rien aujourd'hui, et ma
tâche doit finir où malheureusement je vois cesser mon espérance (1). »

______

(1) Paris, 1ᵉʳ mai 1790. Lettre de M. Bergasse, député de la
sénéchaussée de Lyon, à ses commettants au sujet de sa
protestation contre les assignats-monnaie, suivie de quelques

Brouillé avec Clavière, qui était un des grands promoteurs du papier-monnaie, séparé de son ami Brissot, qui l'avait inutilement appelé au club des Jacobins, le libéral de la veille devint le point de mire des conspirateurs du lendemain. Les *Révolutions de Paris*, le *Patriote français*, le *Courrier du Brabant* le dénonçaient chaque jour comme aristocrate. Camille Desmoulins ayant accusé le représentant de Lyon de continuer à exiger son indemnité de député, bien que n'allant plus à la chambre, Bergasse traita d'impudent scélérat l'auteur de cette invention, et fit connaître au public que non seulement il ne réclamait pas les 18 francs par jour auxquels il n'avait plus droit, mais qu'il n'avait jamais voulu, quoique sans fortune, en recevoir une obole. « En ce temps de calamité, disait-il avec une vraie noblesse, je me serais fait un reproche d'en toucher la plus faible partie, et le trésor royal n'a pas à me reprocher d'avoir augmenté sa dépense. »

On se fera une idée des fureurs déchaînées contre l'adversaire des assignats, en le voyant dénoncé à la chambre comme ennemi de la nation. Déjà, lors de sa retraite avec Mounier et Lally-Tollendal, après les 5 et 6 octobre, des citoyens de Dijon avaient demandé que les trois mandataires infidèles fussent déchus de leur

réflexions sur un article du *Patriote français* rédigé par M. Brissot de Warville (sans nom d'imprimeur).

titre de représentants et déclarés indignes d'occuper aucune fonction publique. Cette fois, une accusation de haute trahison ne fut détournée que par l'intervention d'un fanatique nommé M. de Chabroud, qui s'écria qu'il n'y avait pas lieu de traiter sérieusement l'auteur de la *Protestation contre les assignats*, et qu'après une telle œuvre il ne restait à M. Bergasse qu'à être interdit par sa famille comme il l'avait été par l'assemblée.

Mais les clubs et les journaux ne se contentaient point de cette facile vengeance. Menacé de mort à son domicile et désigné dans les rues aux pourvoyeurs de la lanterne, Bergasse dut se retirer pour quelque temps dans un village des environs de Paris. Sa célébrité, son portrait (1) qu'on voyait encore partout à cette époque, le dénoncèrent aux jacobins de l'endroit, et ce refuge devint bientôt plus dangereux pour lui que la capitale.

Cependant la constitution de 91, enfin terminée, fut publiée dans son entier, et l'audacieux Bergasse renouvela dans une lettre aux Lyonnais sa protestation contre ce qu'il appelait un code de despotisme, d'anarchie et de corruption. Cette position d'antagonisme bravement prise

----

(1) Sous ce portrait de Bergasse, fait lors du procès Kornmann et qu'on trouve encore dans beaucoup d'intérieurs à Lyon, on lit cet alexandrin qui aurait dû lui servir d'égide :

Il fut l'appui du juste et l'effroi des pervers.

par un seul homme contre toute une assemblée
l'obligeait, on le lui avait souvent fait sentir, à
donner enfin au public autre chose que des critiques. Aussi annonçait-il, sans songer à s'assurer le mérite de la modestie, un plan de constitution entièrement conçue et rédigée par lui-
même. Ce que c'est que la loi ; comment elle
doit être faite, appliquée, maintenue, réformée ;
comment la liberté sort de la loi, et comment les
mœurs sont le ciment d'une constitution libre ;
comment le corps des représentants n'est insti-
tué que pour voter l'impôt, certaines lois de
circonstance, et pour appliquer aux agents pré-
varicateurs de l'autorité l'inflexible principe de
la responsabilité personnelle ; comment le prince
ne doit pouvoir mal faire, mais doit garder la
toute-puissance du bien : telles étaient les données générales de ce plan, dont quelques-unes,
notamment celles qui concernent les prérogatives
du pouvoir législatif, semblaient s'écarter des
solutions adoptées jusque-là par Bergasse.

Sans doute il pouvait croire encore à la valeur
intrinsèque de ses conceptions, mais il ne lui restait aucune illusion sur leur efficacité pour changer en quoi que ce fût le cours des événements
ou des opinions. Les catastrophes seules devaient,
croyait-il, nous ramener au sentier de la morale
et de la justice. Il les signalait, il les voyait
venir avec une nouvelle législature sans expé-
rience et sans scrupules, condamnée d'avance à

ne représenter que les factions et à n'avoir de puissance que pour le mal.

Pendant la courte et orageuse période de l'Assemblée législative, Bergasse, enfermé chez lui, rédigeait article par article les diverses parties de ce projet de constitution que Louis XVI lui avait fait demander. Des relations secrètes, et dignes d'être révélées à l'histoire, s'étaient établies entre l'ancien constituant et l'infortuné prince qu'on gardait à vue aux Tuileries. M. de la Porte, intendant de la liste civile, Peltier, directeur du journal *les Actes des Apôtres*, et quelques membres du côté droit de l'assemblée paraissent avoir été les agents de ce ministère occulte de la confiance. Malheureusement le roi, comme tous les caractères faibles, prenait volontiers des conseils, hésitait longtemps, et finissait par opter d'instinct pour le parti le plus voisin possible de l'inaction. C'est ainsi que, lors du fatal retour de Varennes, Bergasse avait demandé et même rédigé une sévère réponse du roi aux députés qui avaient accepté la mission de le questionner sur ce qu'on appelait sa fuite. D'autres avis ayant prévalu, ce projet de discours fut publié par Peltier, et son auteur dit à l'abbé Maury : « Un roi interrogé ou un roi sur l'échafaud, c'est la même chose. » Trois mois plus tard, il s'employait avec énergie pour détourner Louis XVI d'accepter sans restriction l'œuvre antimonarchique de la Constituante, et prédisait, après avoir vu l'inutilité de ses efforts, que la France serait en république dans un an. C'était le 14 septembre 1791 que l'acceptation du roi avait été obtenue ; il ne se trompait, comme on voit, que de huit jours !

Après cette journée du 20 juin 1792, qui fut plus mortelle qu'aucune autre à la majesté du souverain, car le 21 janvier on devait se contenter de faire tomber sa tête, et le 20 juin on l'avait coiffée du bonnet rouge, Bergasse reçut par l'un des ministres deux lignes de la part du roi, qui lui demandait de rédiger sans délai une adresse aux départements. C'était la ressource suprême d'une situation désespérée. La proclamation royale fut écrite et produisit un grand effet dans les provinces. Ce fut la première étincelle de la guerre de Vendée ; c'est d'elle que date la formation du camp de Jalès dans le Vivarais. Mais le ministre, dénoncé à l'assemblée et mal soutenu par le gouvernement, fut destitué, et le mouvement fédéraliste avorta avant de naître. La patrie de Bergasse devait relever, un an après, cet appel contre la tyrannie des faubourgs de Paris et y répondre glorieusement, mais trop tard.

On devine que tant d'honneur et de courage ajoutait encore aux titres de proscription de l'ancien constituant. Son nom devint un des plus honnis dans les journaux et les sociétés populaires, et le théâtre lui-même ne tarda pas à le

signaler aux colères de la rue. Beaumarchais,
voyant son ancien vainqueur, non seulement
abandonné par la faveur publique, mais poursuivi d'outrages et de menaces, crut le moment
opportun pour l'achever. Le 6 juin 1792, on représentait, sur le théâtre du Marais, un drame
intitulé : *l'Autre Tartuffe, ou la Mère coupable.*
Bergasse, sous le pseudonyme transparent de
Bégearss, y joue le rôle d'un tartuffe de probité,
homme très profond, assure l'exposé de la
pièce, grand machinateur d'intrigues, qui s'at-
tire, comme l'autre, la confiance d'une famille
pour arriver à la dépouiller. « Je vous jure, dit
l'auteur, que je l'ai vu agir ; je n'aurais pas pu
l'inventer... » On aurait peine à croire, si l'on
ne savait que la haine porte un bandeau comme
l'amour, que Beaumarchais ait voulu désigner
sous les traits de ce personnage odieux un homme
aussi connu que Bergasse pour son désintéressement. Que le protecteur maltraité de Mme Kornmann ait cédé au besoin de se venger de l'écrivain
qui en d'autres temps avait peut-être abusé contre lui de la détestable réputation que sa vie lui
avait faite, on peut le comprendre ; mais ce qui
est absolument indigne, ce qui dépasse la mesure
de lâcheté permise à un pamphlétaire, c'est qu'a-
près avoir signalé au public son Bégearss comme
voleur, il le dénonce aux clubs alors tout-puis-
sants comme un agent secret de Coblentz (1). Cette

(1) Voir la scène VIII du second acte.

6

noirceur ne porta pas bonheur à l'œuvre de Beaumarchais. Quoique repris en 1797 par les comé-
diens du Théâtre-Français et joué quelquefois
dans la ville natale de Bergasse, le drame de *la
Mère coupable*, plat de style et d'invention, est digne d'une époque où la vertu, la nature et la sensibilité formaient le monotone refrain de tous les
discours et de toutes les comédies. Figaro travesti
sur ses vieux jours en héros de *la Morale en
action*, il y aurait eu là, si la pièce avait pu rester au répertoire, de quoi compromettre ce type
de garnement populaire si gai, si retors, si fertile en bons tours, si audacieux diseur de mauvaises vérités, dont la création reste le vrai génie
et la vraie gloire de Beaumarchais.

L'ancien député de Lyon était donc depuis
longtemps réduit à se cacher, et occupait acti-
vement sa solitude à préparer le plan de constitution promis au roi, lorsqu'il vit un jour entrer
chez lui son ancien collègue Malouet, qui était
dans le secret de sa retraite et de son travail, et
qui venait le presser d'en finir; car, lui dit-il,
de grands événements étaient proches. Justement il ne restait guère, comme l'observa naïvement Bergasse, qu'une ou deux pages à rédiger ; elles le furent séance tenante, et Malouet
put emporter sous son bras la précieuse recette
destinée à sauver l'État. Or, le lendemain de ce
jour devait s'appeler le 10 août ! Détail curieux
à révéler, car s'il nous montre la vanité du génie

de l'homme dans les plans de la Providence, il
apporte un nouveau témoignage en faveur de celui que ses contemporains avaient appelé *le roi
honnête homme*. A la veille de quitter les Tuileries pour une vraie prison, le roi Louis XVI
voulait croire encore à la monarchie constitutionnelle, et se préoccupait de rechercher avec
un de ses plus intimes conseillers la voie perdue
de l'ordre et de la liberté. Quelque temps après,
le fameux plan de constitution était retrouvé dans
l'armoire de fer et brûlé. Un autre exemplaire
envoyé à Lyon a disparu pendant le siège : de
telle sorte que de cette élucubration d'un philosophe et d'un politique chrétien écrivant au bruit
de la chute du trône, il ne nous reste rien aujourd'hui que des bases générales qui sont partout, et un enseignement de constance et d'honnêteté qui vaut à lui seul au moins autant que
la constitution perdue.

V

Bergasse ne consent à s'éloigner de Paris qu'après le 21 janvier pour aller en Espagne, pays de sa famille. — Il se fixe à Tarbes en attendant de pouvoir passer la frontière. — Reconnu et arrêté, il est ramené à Paris où il arrive le lendemain du 9 Thermidor. — Il est condamné à la détention jusqu'à la paix. Son mémoire contre le représentant Vadier, lu à la Convention par le jeune Darmaing. Les biens non vendus des victimes de la Terreur sont rendus à leurs familles. — Au sortir de prison, Bergasse épouse Mlle Dupetit-Thouars, sœur de l'un des héros d'Aboukir. — Son petit-fils, l'amiral Bergasse-Dupetit-Thouars. — Sous l'Empire, Bergasse, retiré chez son frère à Lyon, prend la défense d'un républicain, ancien fournisseur des armées nommé Lemercier, dont la femme, alors fort à la mode, à Lyon, avait osé, en plein salon, appeler Monsieur, le vainqueur d'Austerlitz.

Là devrait se terminer le récit de la vie politique de Nicolas Bergasse, car de cette époque à celle de sa mort, qui était encore éloignée, il n'a reparu dans aucune assemblée ni occupé aucune fonction. Mais il portait trop haut pour n'être pas remarqué, ce signe privilégié du caractère que nos pères tenaient sans doute d'une éducation plus classique et d'une société plus chrétienne. Désigné d'avance aux bourreaux qui allaient usurper le gouvernement de la Révolution, il crut de son devoir de s'offrir au roi pour le défendre devant la Convention, et ne consentit à quitter Paris qu'après la néfaste journée du 21 janvier. Son plan était de rentrer en Espagne,

berceau de ses ancêtres, dont un des premiers a
figuré, dit-on, sous le nom de Vargas, parmi les
compagnons du Cid. Il alla donc se réfugier à
Tarbes, attendant une occasion propice pour passer les Pyrénées. Reconnu et arrêté dans les
premiers jours de juillet 1794, c'est-à-dire de
cet heureux thermidor qui devait sauver tant
d'innocents, il fut ramené à Paris de brigade en
brigade pour être jugé par le tribunal révolutionnaire. Malade, ayant trouvé en route quelques gendarmes compatissants qui ne pressaient
pas trop son voyage vers la guillotine, il eut la
bonne fortune d'arriver dans la capitale le lendemain du jour où la tête de Robespierre avait
roulé à son tour sur la place de la Révolution.
Ce n'était pas cependant une raison de se croire
libre, surtout pour un prisonnier de cette importance, et Bergasse fut condamné comme suspect,
le 18 brumaire an III, à la détention jusqu'à la
paix.

On croit trop aisément aujourd'hui que tout
danger de retour à la Terreur était tombé avec
le règne du Comité de salut public. On oublie
que le 9 thermidor n'avait été qu'un épisode de
guerre civile entre les terroristes, et que Tallien
avait abattu Robespierre comme Robespierre
avait abattu Hébert et Danton. C'est pendant cet
intervalle d'hésitations peu rassurantes pour des
condamnés politiques que Bergasse se vit consulté dans sa prison par un jeune compagnon

d'infortune qui était venu réclamer à Paris la restitution des biens de son père mis à mort et dépouillé par le représentant Vadier. Aussi prompt à s'enflammer contre l'iniquité que lorsqu'il plaidait devant la chambre des Tournelles, l'ancien avocat au parlement dicta au fils de la victime quelques pages d'une effrayante énergie contre le régime de sang dont les tronçons, désunis le 9 Thermidor, cherchaient à se rejoindre. « Quoi! osa s'écrier le jeune Darmaing en face des juges de Louis XVI, la Convention fléchirait devant une troupe de misérables dévoués à toute l'ignominie des siècles ! Assise sur les tombeaux où gisent abattues tant de générations détruites, elle ferait pacte avec leurs bourreaux !... Non, non, cela ne sera pas ! Tous ces spectres plaintifs, que je crois voir siéger à côté de chacun d'entre vous pour lui reprocher sa politique indulgente ou sa honteuse faiblesse, rentreront consolés et vengés dans leurs tombeaux... » On dit qu'à cette image saisissante la terreur passa dans l'âme de ceux qui avaient régné par elle pendant quatorze mois, et que chaque membre de la sanglante assemblée se retourna vers son voisin, comme pour chasser le fantôme évoqué. Bergasse prisonnier eut la gloire de gagner une cause d'humanité et de justice. Vadier, écrasé par cette éloquence d'un fils qui portait le deuil de son père, fut immédiatement décrété d'accusation, et la Convention décida que les biens non vendus des condamnés de la Terreur seraient restitués à leurs enfants (1).

Ce fut au sortir de cette détention que Bergasse épousa Mlle Dupetit-Thouars, sœur de l'héroïque commandant du *Tonnant,* qui avait péri dans le désastre d'Aboukir. Cette noble femme, enthousiaste du talent et du courage d'un homme qu'elle ne connaissait que par ses écrits, s'était juré de n'appartenir à aucun autre. A la génération suivante, un nouveau mariage devait cimenter les liens entre les deux familles. Hier encore un petit-fils de Nicolas Bergasse, brillant amiral enlevé trop tôt à ses grandes destinées, portait à son tour les noms désormais inséparables de Bergasse-Dupetit-Thouars.

Retiré, sous l'Empire, tantôt dans sa modeste résidence de Bellefontaine, près Fontainebleau, tantôt aux environs de Lyon, chez son frère Alexandre, qui fut lui-même un esprit des plus éminents, il réunit en un volume, sous le titre d'*Essais et fragments*, des morceaux philosophiques sur Dieu, sur la nature, sur l'éducation sur la vie champêtre, qui avaient paru à diverses époques dans la *Gazette de France*, et dont plusieurs ont mérité de rester comme classiques dans nos manuels de littérature. C'est après la publication de cet ouvrage que l'Académie de Lyon inscrivit le nom de Nicolas Ber-

____

(1) Séance du 26 germinal an III.

gasse parmi ceux de ses membres correspondants.

Une seule occasion de se produire lui fut offerte en ce temps où, dans le monde entier, la parole comme la gloire n'appartenait qu'à un seul homme. L'empereur étant venu visiter Lyon après Austerlitz, une grande fête lui fut donnée à l'Hôtel-de-Ville. Parmi les dames dignes d'être remarquées par leur beauté, même dans la patrie de Mme Récamier, on citait une Mme Lemercier, sur laquelle les biographes ne donnent d'ailleurs aucun détail. Napoléon daigna s'approcher d'elle pendant la soirée ; mais tout en recevant gracieusement de si hautes avances, Mme Lemercier qui était, à ce qu'il paraît, une républicaine de forte race, eut l'audace d'appeler *Monsieur* celui que l'Europe tremblante appelait *l'Empereur*. « Quelle est cette femme ? dit brusquement le héros en lui tournant le dos. — Sire, c'est Mme Lemercier. — Que fait son mari ? —Il était fournisseur des armées sous le Directoire. — Fournisseur ? Qu'on revise ses comptes ! » Les comptes de M. Lemercier furent si bien revisés que le malheureux employé aux vivres fut frappé d'une ruine complète. Chargé de sa défense, Bergasse avait rédigé un mémoire justificatif qui n'eut pas le succès des fameux mémoires pour Kornmann. On était en d'autres temps, et pour défendre son client, victime d'une fantaisie impériale de vengeance plutôt que de justice, l'avocat dut non pas s'en prendre au gouvernement, mais payer au chef de l'État un tribut de flatterie qu'on lui a reproché plus tard. Il avait alors la double excuse de la gloire et de la nécessité (1).

VI

Bergasse en 1814. — Son opinion sur les actes du Sénat à cette époque.— Réponse de Grégoire, évêque constitutionnel. — Jugement définitif de la question par M. Guizot. Bergasse aurait voulu que la charte fût présentée par le roi et non octroyée. — Le Czar Alexandre et Mme de Krudener chez Bergasse en 1815. — Correspondance de Bergasse avec le Czar.— Lettre de Chateaubriand à Bergasse en 1818.— Son Essai sur la Loi, la Souveraineté et la Liberté de la presse. — Poursuivi en cour d'assises pour attaque à la charte et défendu par Berryer. — Un dossier du grand avocat. — Bergasse injustement accusé en 1830 d'avoir conseillé les Ordonnances. — Sa mort le 28 mai 1832.

L'ancien conseiller de Louis XVI n'en était pas moins fidèle aux affections de sa jeunesse. En avril 1814, quand il vit la France, écrasée sous le retour offensif de l'Europe, tendre la main vers ses princes pour obtenir la paix et la liberté, il crut revoir l'aurore de 89. Époques sœurs, en effet, où l'esprit du temps et la tradition s'unirent ensemble d'une étreinte qui aurait dû être éternelle ! Des deux actes du Sénat qui décidèrent de la situation, l'un prononçant la

______

(1) *Biographie universelle,* tome IV. (Thoinier-Desplaces, 1843.)

déchéance de l'empereur, l'autre imposant des conditions à la rentrée de Louis XVIII, aucun n'obtint l'assentiment du vieux constituant. Sa générosité naturelle se révoltait contre cette monstrueuse insolence succédant à une monstrueuse platitude. « Je me croirais bien vil, s'écriait-il au début d'une brochure qui partagea le succès de la fameuse brochure de Châteaubriand, si, maintenant que Bonaparte a cessé d'être redoutable, je poursuivais avec acharnement sa mémoire (1). » L'acte constitutionnel paraissait à Bergasse aussi peu justifiable devant la raison que l'acte de déchéance l'était peu devant l'honneur. De quel droit le sénat conservateur de l'Empire s'avisait-il de nous octroyer une sixième ou septième constitution ? Est-ce qu'il pouvait se croire, à quelque titre que ce fût, le représentant de la nation française ? Est-ce que ses membres ne savaient pas qu'ils venaient de parler pendant dix ans, au nom de la France muette, un langage d'adulation et de bassesse qui n'était que le leur ? N'auraient-ils contrefait une dernière fois la voix du pays que pour glisser dans l'acte constitutif la conservation de leurs charges et dignités héréditaires ? Quoi ! nous aurions fait une révolution pour que des Rohan, des Montmorency, des Choiseul, des Brissac, des la Trimouille perdent leurs privilèges dans

_____

(1) *Réflexions de M. Bergasse, ancien député à l'Assemblée constituante, sur l'acte constitutionnel du sénat.*

l'État, et il faudrait conserver des privilèges pour MM. Grégoire, Chaptal, Chasset, etc. ! Eux qui ont tant déclamé contre les titres et les distinctions de naissance feraient de la reconnaissance de leurs titres et distinctions une condition de la liberté des Français ! Fions-nous au roi plutôt qu'à eux. Sa réputation de sagesse chez un peuple aussi positif que les Anglais nous est un sûr garant qu'il n'arrive pas les mains vides. Il a sans nul doute une grande charte, une loi de bonheur et de liberté à nous *présenter*... »

J'insiste sur ce dernier mot, qui était au fond toute la pensée de Bergasse. Pas plus qu'il n'avait voulu en 91 de l'octroi de l'assemblée, il ne voulait en 1814 de l'octroi de la royauté. Suivant lui, la charte devait être proposée par le roi et consentie par la nation. Cette distinction qui est devenue banale ne fut aperçue alors que par Bergasse. Il fallait un homme de 89 pour s'en aviser. Ce n'était cependant rien moins que la révolution de 1830 rendue impossible.

Puis venait, comme péroraison à grand effet, le tableau de la prochaine rentrée du roi dans sa capitale, les transports du peuple en voyant passer la fille de Louis XVI qui détournait ses yeux pleins de larmes de la place de la Révolution, le groupe héroïque des Condés où manque un jeune guerrier tué par trahison, le ciel entr'ouvert laissant voir les victimes du Temple prosternées et reconnaissantes aux pieds de

l'Éternel, et, au plus fort de ce délire d'atten-
drissement et d'espérance, quelques courtisans
du régime déchu osant se présenter devant le
cortège avec leur *morceau de papier*, et disant
au roi : *Signez, ou vous ne régnerez pas !*

Le tableau était vif, comme on voit, non dé-
pourvu de vérités utiles et tout à fait dans le
sentiment du jour. Parmi le grand nombre de
réponses qui furent tentées au nom du sénat et
qui prouvent le grand succès des *Réflexions*,
l'écrit du sénateur Grégoire mérite seul d'être
conservé à l'histoire. Loin de défendre le corps
politique dont il fait partie, l'ex-conventionnel le
sacrifie sans commisération à je ne sais quelle
minorité de ses membres qui serait restée étrangère aux faveurs de la tyrannie, et qui n'aurait
voulu ni la proclamation de l'hérédité impériale,
ni la création d'une noblesse à majorat, ni le
divorce, ni les proscriptions sous le nom de cons-
criptions, ni la guerre d'Espagne, ni, ajoutait
l'évêque constitutionnel de Blois, l'usurpation du
domaine temporel du Pape. C'est cette minorité
qui venait de monter à l'assaut de l'Empire et
qui n'entendait pas livrer la place sans condition
au premier venu. Elle demande des garanties
pour la liberté, pour l'égalité, pour toutes les
conquêtes de la Révolution. Il a voté, quant à
lui, et il ne s'en cache pas, pour que le droit fût
reconnu au pays de se choisir un chef dans la
famille royale, mais *en dehors de la loi ordinaire*

de succession. Quant au maintien du sénat comme premier corps politique, l'évêque conventionnel s'en applaudissait, n'y voulant voir qu'une précaution contre le nouveau régime. Comme prêtre, il se dit d'ailleurs désintéressé dans la question d'hérédité, et cinquante de ses collègues n'ont, comme lui, personne à qui transmettre leur sénatorerie.

En somme, tout en prétendant conserver cette assemblée comme indispensable à l'établissement de la liberté, l'abbé Grégoire admettait qu'en fait de servilisme elle était tombée au-dessous du sénat de Juvénal. Mais le clergé, disait-il en reprenant l'offensive, avait-il été moins prodigue d'adulation envers celui qu'il appelait jusqu'en 1809 le nouveau Cyrus ? Ne lui avait-il pas livré jusqu'au catéchisme, scandale sans exemple dans l'histoire de l'Église (1) ? Le Corps législatif lui avait-il refusé beaucoup de lois ? Le Conseil d'État avait-il assez souvent tenté de le retenir ? Les préfets n'avaient-ils pas continué jusqu'au dernier jour le mensonge de leurs élections unanimes ?

Ainsi parlait-on, soit pour accuser, soit pour décharger le sénat conservateur. La vérité, qui ne tarda pas à être connue, c'est qu'aucune initiative ne revenait à ce noble corps dans les derniers actes qu'on lui reprochait, et que le czar

(1) Voir la 7ᵐᵉ leçon du catéchisme de l'Empire à propos du 4ᵐᵉ commandement.

Alexandre s'était servi de lui pour promulguer ses propres volontés, comme l'empereur Napoléon avait coutume de le faire.

Quant au fond du grand débat engagé entre le royaliste Bergasse et le conventionnel Grégoire, M. Guizot l'a jugé sans appel dans un livre que la postérité acceptera tout au moins comme un recueil de grandes maximes de gouvernement. « Au même moment, dit-il dans ses *Mémoires*, où le sénat proclamait le retour de l'ancienne maison royale, il étala la prétention d'élire le roi, méconnaissant ainsi le droit monarchique dont il acceptait l'empire, et pratiquant le droit républicain en rétablissant la monarchie. Contradiction choquante entre les principes et les actes, puérile bravade envers le grand fait auquel on rendait hommage, et déplorable confusion des droits comme des idées. Évidemment c'était par nécessité et non par choix, et à raison de son titre héréditaire, non comme l'élu du jour, qu'on rappelait Louis XVIII au trône de France. Il n'y avait de vérité, de dignité et de prudence que dans une seule conduite : reconnaître hautement le droit monarchique dans la maison de Bourbon, et lui demander de reconnaître hautement à son tour les droits nationaux, tels que les proclamaient l'état du pays et l'esprit du temps (1). »

(1) *Mémoires pour servir à l'histoire de mon temps*, tome Ier, page 32.

On sait ce que devint au bout d'un an cette
royauté restaurée par le sénat impérial. A la seconde rentrée des alliés à Paris, nous retrouvons
l'ancien député du tiers-état de Lyon, non plus
aux premiers rangs de la bataille des partis, mais
dans la plus haute faveur de l'un des souverains
à qui la fortune des armes venait de livrer la
France. Comment l'empereur Alexandre connut-
il l'existence de Bergasse ? Nous avons tout lieu
de croire que ce fut par Mme de Krüdner.

Cette femme célèbre venait d'arriver à Paris
à la suite du czar. Entourée d'une escorte de
pasteurs de Genève, de frères moraves, de saints
de diverses églises d'outre-Rhin, elle parcourait
l'Allemagne depuis quelques années, déclamant
une sorte d'épopée mystique qui se mêlait naturellement au bruit des armes chez ce peuple rêveur
et guerrier. Les Allemands mettraient *la Mar-*
seillaise en strophes humanitaires, comme les
Italiens l'ont mise en fioritures. D'après la nouvelle prophétesse, l'Europe assistait à la lutte
suprême entre le bon et le mauvais génie. Dieu
l'avait envoyée pour annoncer la victoire de l'aigle
blanc, qui était le czar, sur l'aigle noir, qui était
naturellement Napoléon. Merveilleux sujet de
poésie, en effet, plutôt que d'histoire, que la rencontre de ces deux hommes, l'un représentant
l'idéologie passionnée et mobile des races du
Nord, l'autre personnifiant la plus énergique
manifestation du génie méridional appliqué à la

politique et à la guerre que le monde ait vue depuis César. Du jour de la première paix de Paris,
Mme de Krüdner avait compris et dit bien haut
que l'exilé de l'île d'Elbe ne tarderait pas à trouver sa revanche. Elle voulait être la Jeanne
d'Arc d'Alexandre, une Jeanne d'Arc qui avait
été ambassadrice et non bergère. Aussi ne ces-
sait-elle de le poursuivre de ses objurgations au
milieu des fêtes de ce congrès de Vienne dont on
pouvait dire qu'il dansait et ne marchait pas.
L'événement du 20 mars, en justifiant ses faciles
prédictions, lui donna sur l'esprit du czar un empire décidé. Fée plutôt que favorite, car elle avait
alors cinquante ans, elle enivrait de ses rêves
l'imagination de ce maître du monde devenu son
disciple, et montrait à son orgueil schismatique
la perspective du gouvernement universel des
âmes.

Ce n'était pas sur les trônes seulement que
l'amie d'Alexandre lui voulait des adeptes, elle
en cherchait parmi les hommes en renom. Bergasse, que le rayon mystique avait touché dans
sa jeunesse, et qui n'avait pas perdu depuis Mesmer le goût du merveilleux, fut mis en relation
avec elle par Mme de Lezay-Marnésia, compagne
dévouée de la prophétesse. C'est par elle qu'on a
pu connaître et me transmettre un des plus curieux épisodes de cette époque dont on pourrait
croire que tout a été dit.

Dans le Paris du mois de juillet 1815, qui n'é-

tait plus, hélas ! que le champ de parade des armées de l'Europe, on voyait quelquefois le soir
un équipage s'arrêter à l'angle du faubourg du
Roule et de la rue de la Pépinière. Trois personnes en descendaient, un homme de haute
taille et deux femmes. Les trois inconnus ga-
gnaient, à travers les terrains encore non bâtis
des jardins du roi, une maison de nulle apparence
qui était autrefois celle du jardinier. Un vieillard
les y attendait dans une petite chambre qui n'avait
pour tout mobilier qu'un vieux fauteuil en velours
d'Utrecht, une chaise, un tabouret, un bureau en
bois blanc et un lit. Ce logement était celui de
Nicolas Bergasse, et ces inconnus n'étaient autres
que le czar Alexandre, Mme de Krüdner et Mme de
Lezay-Marnésia. Le maître de maison gardait
le fauteuil sur l'ordre formel de son auguste
visiteur. L'auteur de *Valérie* s'asseyait ou le plus
souvent montait debout sur la chaise, sa compagne s'adossait au lit, et le czar, accroupi sur
le tabouret en face de sa sibylle, allongeait ses
grandes jambes sous le fauteuil de Bergasse. Là,
devant ce cénacle de ses initiés les plus intimes,
Mme de Krüdner s'élevait aux plus transcendantes
divagations de l'illuminisme. Le voile des temps
se déchirait devant elle ; l'unité de la race d'Adam,
fractionnée jusqu'ici en tant de nations et de
religions ennemies, se refaisait par la sainte alliance des rois ; l'humanité, indéfiniment perfec-
tible, ne connaissait plus que de nobles instincts ;

la terre purifiée remontait vers le ciel comme une brume légère après la tempête, et une révélation religieuse nouvelle brillait sur le monde, d'où le règne du mal était à jamais banni. Du haut du Kremlin, comme d'un nouveau balcon de Saint-Pierre, devant l'Asie conquise et l'Europe dominée, le maître de toutes les Russies envoyait à la ville et au monde sa bénédiction de roi et de pontife. Le czar suivait d'un œil fasciné le vol de son aigle blanc, et de temps en temps regardait, non sans inquiétude, du côté de Bergasse. Celui-ci, souriant et parfois séduit, reprenait gravement ces hautes rêveries qui lui rappelaient ses premières recherches sur la loi d'harmonie universelle, et s'efforçait de les ramenerune à une aux solutions pratiques de la politique. Plusieurs séances furent ainsi données à Mme de Krüdner pour exposer son sytème entre le souverain qui devait l'appliquer et le vieux philosophe à qui l'on demandait de le juger. Quelle scène à montrer au monde après l'hécatombe de Leipsick et de Waterloo !

Il en résulta tout au moins que le czar emporta de France la plus sérieuse estime pour le vieux disciple de Saint-Martin, en qui il avait trouvé par occasion un politique. C'est en grande partie à son influence que fut due la première entrée aux affaires de M. le duc de Richelieu, dont les liens avec la Russie étaient publics, mais qui avait pour la France le premier mérite de mettre fin au scandale du ministère Fouché. Sa correspondance avec Alexandre, connue seulement par quelques réponses de celui-ci insérées dans la *Biographie universelle*, et qu'on serait si curieux de lire en entier, devint active, surtout aux approches du congrès de Vérone. Elle nous montre le czar voulant avoir, comme en 1815, l'avis de Bergasse sur les points les plus délicats de la politique du moment. « Je vous saurais gré, Monsieur, lui écrivait-il de Pétersbourg, de la continuation de votre correspondance; j'y attache un prix réel (1). Je recevrai avec beaucoup de plaisir le travail que vous m'annoncez, et vous invite à me le faire parvenir à l'époque où, réuni aux souverains mes alliés, je serai à même de m'occuper de ces questions fondamentales, auxquelles le bonheur et la tranquillité de l'Europe sont si intimement liés (2). »

Dans le même moment, la plume de guerre de Châteaubriand traçait ces lignes à l'adresse de celui qu'on appelait l'avocat consultant de la Restauration.

« Nous avons grand besoin, Monsieur, de vos talents et de votre courage. Venez à notre secours. Les plus infâmes calomniateurs, les plus lâches et les plus pervers des hommes triomphent ! Prenez votre plume, écrasez ces malheureux sous l'éloquence de la vérité. Je suis resté seul sur le champ de bataille, mais, auprès de vous, je me

(1) 23 décembre 1819.
(2) 4 août 1822.

ranimerai. Vous devez aux hommes compte du génie que le ciel vous a donné. Vous vous repentirez toute votre vie, si nous périssons, de n'avoir pas essayé de nous sauver. Je suis avec vérité votre plus dévoué serviteur et admirateur.

« Paris, 6 août 1818.

« CHATEAUBRIAND. »

Rien ne prouve mieux, suivant nous, que cette lettre à quelle hauteur était alors placé le nom de Bergasse si oublié aujourd'hui.

Bergasse prit sa plume, en effet, et, dans un écrit intitulé : *Essai sur la loi, sur la souveraineté et sur la liberté de la presse*, il se déclara l'ennemi, comme toujours, de ceux qui commandent le silence, et demanda pour la presse un jury formé par égales parts de magistrats des cours royales et de jurés spéciaux sur lesquels l'accusé pourrait seul exercer le droit de récusation.

En tête des questions qui divisaient alors les assemblées politiques et remuaient profondément les masses, il faut placer la question des biens nationaux. Elle a été résolue à cette époque par une loi mémorable sur laquelle la polémique des partis s'est abattue avec le plus impardonnable aveuglement. Déjà, aux jours les plus violents de la révolution de 1830, une voix qui devait parler plus tard avec l'autorité des plus hautes fonctions de l'état, la voix de M. Sauzet, défenseur de M. de Chantelauze, avait osé remercier la Restauration 'de la loi qui accordait une indemnité proportionnelle aux propriétaires dépossédés par la Révolution. Cette voix éloquente est aujourd'hui celle de l'histoire Tout le monde célèbre cette mesure de M. de Villèle , non seulement comme un bienfait, puisqu'elle a doublé la valeur d'une grande part de la propriété foncière en France, mais comme un honneur pour notre nation, parce qu'elle a écrit définitivement dans ses codes ce commandement de la justice éternelle : *Tu ne confisqueras point !*

Ce que l'on sait moins, ce que l'on ignore presque généralement, c'est que Bergasse fut un des promoteurs les plus actifs de cette réparation nécessaire. Comme font toujours les philosophes qui sont à distance les vrais politiques, il prit la question dans les principes et prouva qu'une rigoureuse justice aurait exigé la restitution pure et simple des biens confisqués. Cette thèse excessive, développée avec solennité dans un livre intitulé : *Essai sur la propriété,* se trouvait en hostilité directe avec l'article 9 de la charte, qui garantissait l'inviolabilité des ventes nationales. Bergasse fut traduit devant la cour d'assises de la Seine. Ce ne fut pas sans scandale que, le

28 avril 1821, on vit s'asseoir sur ces bancs où passaient chaque jour les irréconciliables ennemis de la dynastie, ce philosophe en cheveux blancs qui avait été le conseiller des derniers jours de Louis XVI et des premiers jours de la Restauration.

A ses côtés vint se placer un jeune avocat dont la parole, déjà populaire au barreau, annonçait dans les causes politiques cette éloquence souveraine dont on peut dire qu'elle est la seule puissance de notre siècle qui soit restée debout pendant cinquante ans. — J'ai nommé Berryer. — Ce fut, au dire de ceux qui ont suivi de près la carrière du grand orateur, une des premières causes où l'aigle se révéla. Après avoir rappelé la vie et les travaux de son client en termes que j'aurais été heureux de n'avoir qu'à copier si la sténographie nous les eût conservés, il prouva que l'*Essai sur la Propriété* n'était au fond qu'une revendication de justice et d'humanité en faveur des familles spoliées. La rentrée en possession pure et simple des anciens propriétaires serait à coup sûr de droit absolu; mais l'indemnité proportionnelle étant seule praticable, comment s'expliquer que la loi n'eût encore rien dit? La Constituante n'avait-elle pas décrété, dès la première année de son existence, que les biens non vendus des protestants sortis de France à la révocation de l'édit de Nantes seraient rendus à leurs héritiers? La

Convention elle-même n'avait-elle pas accepté la réclamation des victimes de la Terreur portée à sa barre par un client de Bergasse et appuyée par le féroce Legendre lui-même? Par combien de mesures d'ailleurs le gouvernement ne s'était-il pas vu placé sur cette voie, depuis les sénatus-consultes qui avaient à diverses époques rendu leurs biens à des émigrés rayés de la liste, jusqu'aux promesses faites au nom du roi devant la chambre des pairs de 1814? L'indemnité aux anciens propriétaires, et non la dépossession des nouveaux, telle était donc la vraie conclusion de l'écrit poursuivi.

On était à la veille du baptême de M. le duc de Bordeaux; le brillant défenseur sut tirer un heureux parti pour sa cause de cet événement national. Rappelant le mot de Sylla au jeune Crassus, qui lui demandait une escorte pour traverser un pays occupé par l'ennemi : « Va, je te donne pour escorte ton père, ton frère, tes amis que Marius a fait égorger ! » Berryer s'écria qu'au lieu de ce mot d'ordre des temps de proscriptions et de guerre civile, il donnait pour guide aux générations nouvelles ce jeune et royal enfant sur le front duquel allait couler l'eau sainte qui avait coulé, à l'origine de la monarchie, sur le front de Clovis.

Bergasse fut acquitté aux applaudissements d'un auditoire d'élite accouru des Tuileries et du côté droit des deux chambres pour assister ce

vénérable champion du droit monarchique mis
en jugement par la monarchie (1).

Soit ressentiment personnel du rôle joué par
l'avocat au parlement dans les dernières années
de l'ancien régime, soit méfiance à cause de son
intimité trop connue avec l'empereur Alexandre,
il est certain que Louis XVIII n'avait aucun
goût pour l'auteur de l'*Essai sur la Propriété*.
Charles X, voulant réparer le volontaire oubli
de son frère, donna une pension sur sa cassette
au vieux publiciste. C'était là première faveur
que la fortune lui envoyait; bien qu'arrivé au
terme de sa carrière, il ne devait pas en jouir
jusqu'à sa mort. En juillet 1830, le même nu-
méro du *Moniteur* qui portait les fatales ordonnances annonçait la nomination de Nicolas Bergasse comme conseiller d'État honoraire. Cette
coïncidence toute fortuite le fit confondre alors

----

(1) Nous avons pu recueillir l'analyse de cette affaire dans
le dossier même de M. Berryer, que l'illustre orateur avait
bien voulu mettre à notre disposition. Nul mieux que lui
ne connaissait la vie de Bergasse, qu'il avait dû raconter
aux jurés et qui fut, nous disait-il, la meilleure partie de sa
défense.

Il nous a été permis, en même temps, de pénétrer dans le
secret de la préparation que savait s'imposer cet incomparable improvisateur. Pas une des pièces importantes de la procédure qui ne fût criblée de traits au crayon rouge, tantôt pour
souligner un mot, tantôt pour encadrer une phrase, quelquefois pour indiquer en marge un argument ou même un mouvement oratoire. Le plan est solidement arrêté et la péroraison
écrite en trois ou quatre lignes. Les notes prises à l'audience
laissent aussi une idée très exacte du réquisitoire et de la
réplique.

dans le nombre des inspirateurs de cette déplorable tentative de coup d'État. Ce fut la dernière calomnie dont il eut à gémir. Non seulement il n'avait pas conseillé les ordonnances, mais s'il en eût connu le projet, il aurait blâmé M. de Polignac comme il avait blâmé M. de Maupeou et M. Loménie de Brienne, sous l'ancien régime. Un de ses neveux, M. Alphonse Bergasse, procureur général près la cour de Montpellier, démissionnaire par refus de serment après le 7 août 1830, a formellement repoussé cette responsabilité au nom du chef de sa famille, et fait connaître comment il était devenu, sans le demander, conseiller d'État honoraire (1). M. de Chantelauze, dit-il, son compatriote, entré depuis trois mois au ministère de la justice, jetant les yeux sur la liste des quatre-vingts ou cent noms qui avaient reçu du roi ce titre purement distinctif, fut scandalisé de n'y pas trouver celui du célèbre publiciste qui était une des gloires de sa ville natale; il l'inscrivit donc de sa propre autorité, et par une ordonnance qui n'était pas même revêtue du contre-seing des autres ministres. C'est ce tardif et modeste honneur couronnant une longue vie de désintéressement et de services que l'esprit de parti osa reprocher à Bergasse travesti par *le Constitutionnel* du temps en *obscur conseiller du despotisme.*

(1) *Nouvelles Archives statistiques, historiques et littéraires du département du Rhône,* t. XV et XVI.

De ce jour, dit son biographe de 1832, l'écrivain politique s'enveloppa dans le manteau d'Anaxagore. Qu'il me soit permis d'ajouter que le chrétien se retira au pied de la croix où il avait vécu dès sa jeunesse en croyant éclairé et fervent. C'est là que la mort vint le prendre, le 28 mai 1832, au moment même où il recevait le dernier sacrement. Deux ou trois journaux appartenant aux opinions qu'il avait servies donnèrent quelques lignes à l'annonce de cet événement, puis tout fut dit sur Nicolas Bergasse, et le silence a recouvert son nom, jadis cité parmi les plus célèbres.

<h2 style="text-align:center">VII</h2>

Unité de la vie de Bergasse. — Fidèle jusqu'au bout à l'idée de 89 : établir un gouvernemént libre, mais traditionnel et monarchique. — Son importance fut celle d'un philosophe et d'un modéré. — Impuissance des modérés dans nos temps de révolution. — Par ses écrits, par ses discours, par sa conduite, Bergasse mérite d'être compté au premier rang parmi ceux qui ont essayé de fonder en France les droits populaires de la liberté sur le principe nécessaire de la monarchie. — Sa place est marquée dès le début entre les Mounier, Malouet, Lally-Tollendal et leurs amis, et plus tard entre Chateaubriand, De Serres, Berryer et les royalistes libéraux de la Restauration.

Telle fut cette longue existence d'un homme politique assurément digne de mémoire, et dont le souvenir commençait à disparaître dans un injuste délaissement. Pourquoi ai-je tenu à le retirer pour un moment de ce grand fleuve d'oubli, de ce Léthé de l'histoire qui roule pêle-mêle nos noms et nos œuvres vers l'insouciante postérité ? Est-ce pour la vaine satisfaction de raconter quelques anecdotes inédites ? Est-ce pour satisfaire ce penchant sophistique qui pousse la critique de notre temps à célébrer tant d'inconnus dignes de l'être, quand elle démolit chaque jour tant de renommées dignes de vivre ? Non. En fait de gloire, il ne faut ₗpas sacrifier trop vite aux dieux ignorés, et j'aime mieux, pour ma part, les statues que les statuettes.

Mais en nos jours, que chacun a le droit d'appeler difficiles, il ne suffit plus d'intéresser ou d'émouvoir; on veut des écrits qui soient des actes et des hommes qui soient des caractères. Or n'avez-vous pas senti comme moi que cette vie d'un de nos anciens est un enseignement ? Elle se meut, elle agit sur tous, elle a le souffle antique de l'honneur et de la vertu. Au rebours de tant d'existences qui ne valent que par le bruit rapide de leur passage au milieu de nous, elle va, elle vaut par elle-même, elle s'achemine discrètement, elle développe pendant quatre-vingt-deux ans son inflexible ligne droite à travers les contradictions et les retours des événements qui nous ont successivement dominés. Son unité est tout entière dans une idée, l'idée de 89.

Cette date lumineuse pourrait être placée sur chacun des actes de la longue carrière de Bergasse.

Sous l'ancien régime, où il eut à lutter pour le progrès, il ne confondit jamais les principes dans la haine des abus; sous la révolution, où il eut à combattre pour l'ordre, il ne confondit jamais la liberté avec les excès commis en son nom. Membre de notre première assemblée, il pensa, comme l'a si nettement avoué M. Thiers, que « le devoir de la Constituante, d'après tous les engagements qu'elle avait pris, c'était d'établir un gouvernement libre, mais monarchique (1) ».

A peine eut-il le temps de mettre la main et de laisser la marque de son esprit dans la première constitution que la France se soit donnée, mais il resta fidèle aux Cahiers. En 1814, en saluant avec la France entière le retour des Bourbons, il demanda que la Charte, au lieu d'être octroyée par le roi, fût présentée par lui à l'assentiment populaire. Il n'approuva pas les ordonnances de Juillet, ce lit de justice de la royauté contre le corps électoral qu'elle avait voulu; mais il garda le culte du droit héréditaire. Ce qu'il y eut d'incomplet dans ce puissant esprit, ce qui resta d'inachevé dans cette vie qui se consuma tout entière à la poursuite d'un grand ouvrage, toujours annoncé, sur les droits et les devoirs politiques, et dont il ne put jamais donner que l'éloquente préface, n'est-ce pas un trait de ressemblance de plus avec l'époque dont il est

____

(1) *Histoire de la Révolution*, t. I, p. 330.

sorti ? 89 est-il lui-même autre chose qu'une sublime préface dont le livre s'écrit feuillet par feuillet, et non sans ratures, depuis un siècle ?

Mais, me dira-t-on, avec cette unité de vue et cette fixité de principes dont vous le vantez, l'ancien avocat au parlement n'a pas su se faire dans la société nouvelle une position en rapport avec ses talents, et vous ne nous montrez au bout de cette ligne droite qui fut sa vie, qu'une vieillesse honorée, sans doute, mais humble de ressources et nulle d'éclat. Cela est vrai. Bergasse a eu son jour pour la célébrité ; il ne l'a pas eu pour le pouvoir. Son importance est restée pour ainsi dire anonyme, et je ne devais jamais mieux le comprendre qu'en essayant d'en révéler quelque chose. Mais je lui sais gré tout d'abord de n'avoir rien sacrifié de lui-même à la facile ambition de parvenir. Combien d'autres ont cessé d'être quelqu'un pour arriver à être quelque chose ! De l'aveu de ses amis, pourquoi le cacher ? il portait, dans le commerce ordinaire de la vie, l'humeur difficile d'un homme qui sentait l'honneur en Castillan. En outre, il fut sous tous les régimes ce qu'on appelle un modéré. Accusé et flatté tour à tour par tous les partis, il a pu dire avec un légitime orgueil qu'il ne s'était absolument voué à aucun, et qu'il n'avait jamais marché que dans le sentier de ses opinions personnelles. L'ambition n'avait pu faire de lui un courtisan, le dépit n'en fit jamais un opposant. Or, en ce siècle de renouvellement violent des habitudes et des idées, le pouvoir, nous le savons, n'a jamais été le prix de la modération. Pour l'escalader, il a fallu d'abord y faire brèche, et nous avons vu les plus hardis de ceux qui l'ont tour à tour possédé user leurs forces à jeter bas l'échelle qui venait de les porter au faîte.

Quant à ceux qui n'ont rien voulu devoir qu'à leurs propres efforts et à leurs propres idées, l'impuissance et l'isolement ont été trop souvent leur partage. Où sont arrivés, je le demande, les modérés de la Constituante et de la Législative ? Je ne parle pas de ceux de la Convention qui, sauf deux ou trois exceptions héroïques, n'osèrent même pas arborer leur drapeau. Que sont devenus tous ces hommes par qui la Révolution aurait pu être si heureusement gouvernée et honorée ? Vivants, l'échafaud ou l'exil les a dévorés ; morts, l'oubli croît comme la ronce sur leurs tombes ignorées. Que leur a-t-il manqué cependant, à eux qui eurent à déployer tant de talent, tant d'à-propos, tant de courage ? Il leur a manqué une seule chose, le succès !

Oui, sans doute, ils n'ont pas réussi, ils n'ont pas su maîtriser le flot, ils n'ont pu sauver ni le pays ni eux-mêmes ; mais ils n'ont rien renié, rien souillé, rien trahi. Ils sont restés hors du pouvoir ; mais ils sont tombés entiers dans leur honneur, comme dans une forte armure d'acier poli qui ne garde rien des souillures du combat, mais ils ont été jusqu'au bout les hommes de 89, mais nous avons recours à eux quand il s'agit de défendre l'ordre et de revendiquer la liberté.

N'allons pas nous perdre dans les rangs de la foule impitoyable pour ceux que le char des événements a écrasés, servile envers ceux qu'il monte pour un jour au Capitole. Sachons descendre dans les oubliettes de l'histoire, relevons avec une piété reconnaissante ces morts sans honneurs qui sont nos ancêtres, ces héros sans gloire qui sont nos héros, et soyons fiers de pouvoir ajouter à cette élite immortelle et malheureuse le nom trop vanté peut-être au début, mais injustement dédaigné depuis, de Nicolas Bergasse.

DEUX ENCLAVES DE L'ANCIENNE FRANCE

ORANGE ET SA PRINCIPAUTÉ

I

Le voyageur qui est parti de la gare de Mazas un soir de décembre, pour aller passer le plus mauvais de l'hiver sur les bords de la Méditerranée, ne peut retenir un cri de surprise et de joie quand il se réveille le lendemain matin à l'entrée des horizons de Provence, en plein soleil, en pleine nature rayonnante et printanière, en plein Midi. C'est donc fini de l'éternelle brume et de la bouc glacée des rues de Paris ! D'un côté, le Rhône, qui tour à tour se cache ou se montre sous une ligne fuyante de vapeurs, le long des montagnes du Vivarais ; de l'autre, les radieuses plaines du comtat Venaissin, avec leurs clochers carrés, leurs nombreuses granges aux toits rouges, leurs haies d'arbres verts, leurs cultures hivernales ; et là-bas, au fond, le Ventoux, ce petit Mont Blanc méridional, qui regarde et sourit sous son casque de neige. Le but du voyage est atteint. En une nuit, on a passé dans un monde nouveau, sous un autre ciel, chez une autre race, au milieu d'une autre histoire.

On n'est pas encore en Italie, mais on est déjà chez les Romains. Tout porte leur marque : les monuments aux assises régulières et à la patine dorée par des siècles de soleil, les visages au type correct et dur, et jusqu'à ce dialecte provençal tour à tour grave ou chantant qui doit avoir été un patois de Rome au temps de Cicéron.

Ajoutons, — mais cette fois comme un trait qui ne s'aperçoit pas de la portière d'un wagon, — que cette population a l'air de s'agiter encore dans les bourrasques du Forum. Les idées générales la pénètrent peu. Les passions de localité la possèdent seules. Les régimes les plus divers ont beau s'être chargés de son éducation politique : ils se sont tous accordés sur ce seul point, c'est que la liberté est le droit de tout faire quand on est le plus fort, et l'égalité le droit de ramener violemment à son propre niveau tout ce qui est au-dessus. Ne parlons pas de la fraternité qui se chante, mais qui ne se pratique guère. En revanche, on est ardent aux compétitions de personnes, insatiable de rivalités locales et justement jaloux des franchises de son municipe.

Méry, qui fut le plus latin de nos poètes, avait imaginé de reconstruire une Rome des Gaules, comme il l'appelait, avec les débris qui nous restent à Orange, à Vaison, à Nîmes, à Arles, à Saint-Remy. La porte principale de cette nouvelle cité de César-Auguste, c'était ce fameux arc de triomphe d'Orange qu'on voit de la gare, dressant à quelques pas de la ville sa masse élégante et colossale (1). On dirait un pont aux trois arches inégales sous lequel passe et repasse depuis deux mille ans le flot qui va et vient de la Méditerranée à l'Océan.

Ce monument, qui est la gloire d'Orange, semble destiné à la confusion des érudits. Pendant de longs siècles, et malgré d'interminables dissertations, on n'a pu parvenir à le signer d'un nom certain, ni d'une date authentique. Il est là cependant debout, en pleine lumière, en pleine circulation, accessible à tout le monde comme la borne du chemin, chargé et surchargé de détails et de personnages qui disent surabondamment tout ce qu'on cherche inutilement à connaître. Que peuvent être en effet ces bas-reliefs, sinon des commentaires sculptés de l'idée première de l'édifice ? Est-ce que ces riches guirlandes de fleurs et de fruits, ces trophées d'armes, ces boucliers avec leurs inscriptions, cet animal qui sert d'enseigne aux légions et qui n'est pas encore l'aigle, ces navires, ces mâts, ces cordages, ces tridents, ces guerriers sauvages armés de piques, cette braye gauloise, dépouille des vaincus, cette femme qui porte la main à l'oreille comme pour ne pas entendre (2), ces captifs liés

(1) L'arc de triomphe d'Orange mesure **22 m.** de hauteur, 21 de largeur et 8 de profondeur.

(2) D'après Plutarque, Marius avait l'habitude d'emmener

deux à deux, les mains attachées derrière le dos ;
ces combats de gladiateurs, ces têtes de divini-
tés, ces instruments du culte, ce jeune homme
et cette jeune femme couronnés d'olivier, est-ce
que vraiment tout cela ne signifie rien ? Est-ce
que tout cela se trouve réuni par hasard ? Est-ce
que ce ne sont pas là autant de témoins contemporains qui ont la parole et qu'on ne comprend
plus ? Ah ! si c'étaient des hiéroglyphes !

Le bon public, qui simplifierait même la science
étymologique, si on le laissait faire, voyant le
mot de **MARIO** très lisible encore sur le fron-
ton principal, n'avait pas hésité à conclure qu'il
s'agissait de la victoire remportée par Marius
sur les Cimbres et les Teutons à quelques lieues
de là. Mais les savants n'ont rien laissé subsister
de cette explication si longtemps acceptée. De
sorte que, malgré son grand air et le haut rang
qu'il tient parmi les choses romaines, l'arc de
triomphe d'Orange reste sans état civil, comme
un enfant naturel exposé sur un grand chemin (1).

avec lui une pythonisse syrienne qu'il consultait toujours
avant de livrer bataille. Tant qu'elle n'entendait rien, la
fortune était favorable aux Romains. C'est cette devineresse
que les partisans de Marius ont voulu voir, non sans quelque
raison, dans cette femme qui se bouche l'oreille.

(1) La principale raison donnée contre Marius, c'est que
l'aigle dont il avait fait lui-même l'enseigne des légions romaines ne se trouve pas une seule fois dans les bas-reliefs. On
lui a donc substitué un certain Domitius Ænobarbus, vainqueur
des barbares aux environs de Bédarrides peu d'années avant.
Ce Domitius ne dut sa victoire, d'après l'histoire, qu'à l'effroi
qu'inspirèrent à l'ennemi des éléphants portant une tour

Disons toutefois que, d'après le plus récent état des recherches archéologiques, la question semble avoir fait un pas important. Ne pouvant rien tirer de concluant des bas-reliefs qui, de bas en haut, en dehors et en dedans, couvrent les quatre faces du monument, on est parvenu par un procédé très ingénieux à reconstituer tout ou partie de l'inscription dédicatoire. On sait que cette inscription en lettres d'airain était fixée au-dessus de l'ouverture principale, du côté du nord. Or, d'après le nombre et la place des trous laissés par les clous dans la pierre de taille, on s'est avisé de refaire chaque lettre, puis chaque mot et enfin le texte à peu près entier. Il en est résulté deux lignes dont la première permet de substituer le vilain nom de l'empereur Tibère aux Domitius Œnobarbus, aux Fabius Maximus, aux Marius, aux Jules César, aux Auguste et aux Marc-Aurèle de la légende. Mais à quelle occasion cet arc triomphal fut-il élevé à ce César de Suétone? Il est vraisemblable que ce fut après la révolte d'une partie des Gaules qui fut réprimée sous son règne. Malheureusement le sens de la seconde ligne, qui doit le dire, est resté douteux (1).

Au moins n'aurons-nous pas besoin de mettre

remplie de soldats. Or, il n'y a pas plus d'éléphants que d'aigles dans les bas-reliefs !

(1) *Histoire du Rhône*, par Charles Lenthéric, ingénieur en chef des ponts et chaussées (t. II, p. 132).

d'accord les antiquaires pour dire à quel hasard inespéré ce contemporain de Rome victorieuse a dû de n'être pas détruit de fond en comble, comme tant d'autres, ne fût-ce que pour servir de carrière de pierre à la ville d'Orange, qui n'en a pas à sa portée.

On raconte en Normandie qu'un roi d'Yvetot, aussi peu connu dans l'histoire que celui de Béranger, avait construit une haute tour au centre de son petit État, afin de pouvoir surveiller sa frontière et même, ajoute-t-on, cracher sur le territoire du voisin. Est-ce à une fantaisie du même goût qu'obéit un des plus anciens souverains d'Orange en faisant élever une forteresse sur la plate-forme de l'arc de triomphe et en y fixant sa résidence ? Nous pensons qu'il songea surtout à se mettre à l'abri d'une surprise de la part des routiers et malandrins qui étaient alors maîtres de la campagne. Mais le mieux préservé, ce fut encore le monument romain, enfermé désormais dans une étroite enceinte de remparts, comme un bijou dans un écrin. Ce bienheureux rempart, qui n'avait pas moins de 3 pieds d'épaisseur sur 12 de haut, avec la tour qui le dominait, n'a été abattu que dans les premières années de la réunion à la France (1).

En face de l'arc de triomphe, avec Orange

---

(1) C'est en 1811, M. le baron de Stassart étant sous-préfet, que l'arc de triomphe a été dégagé de ces ruines et entouré des deux bras de la route.

entre deux, se dresse, isolée dans la plaine et couverte de ruines, la colline sur laquelle fut bâtie la ville primitive. A ses pieds, on voit du chemin de fer un mur énorme en basaltes, qui semble destiné à la cacher sur une longueur de 300 pieds et une hauteur de 100 (1). C'est un des plus vastes et le mieux conservé du très petit nombre de théâtres romains qui restent dans le monde. La déclivité de la colline offrait un terrain tout préparé pour recevoir un amphithéâtre semi-circulaire. Comme celui d'Arles, il pouvait contenir de 10.000 à 12.000 spectateurs assis.

Qu'il nous soit permis de rappeler ici qu'on a pu dernièrement rendre à cette grande ruine quelques heures de vie et d'une vie faite pour elle. Les artistes du Théâtre-Français et du grand Opéra ont donné, dans l'antique *proscenium*, d'inoubliables représentations aux frais et dépens de quelques généreux Orangeois.

Du jour où il se trouvera un directeur des beaux-arts qui serait fier de créer un Bayreuth français où toute l'Europe ne tarderait pas d'accourir il n'a qu'à tourner les yeux vers le théâtre d'Orange (1). Une bien légère part de ces subven-

(1) Expilly, *Dictionnaire géographique des Gaules.*
(2) Sur la demande de MM. Eugène Monier-Vinard et Gonzague Millet, le conseil général de Vaucluse a émis un vœu pour que l'État nous vienne en aide et que le théâtre romain puisse revivre chaque année pendant quelques représentations. Constatons avec plaisir que ce vœu a été entendu et que les travaux d'aménagement ont déjà commencé au théâtre d'Orange.

tions qu'on prodigue aux théâtres plus ou moins libres de Paris suffirait à consacrer une fondation déjà faite par le patriotisme local et saluée d'enthousiasme par le grand public. Allons, monsieur le Ministre, deux ou trois succès de grand art par été sur notre vieille scène romaine ! Le lieu n'en comporte pas d'autre et la population le comprend (1). Cela nous relèvera à nos propres yeux de nos succès d'opérettes.

Un architecte de renom, qui fut en même temps une archéologue très entendu, M. Caristie, a relevé, en les ajustant merveilleusement au peu qui nous reste, les plans d'intérieur du théâtre romain. La scène, l'orchestre ou parterre, les gradins, les statues dont nous n'avons que les niches désertes, les loges, encadrées de colonnettes en marbres d'Afrique, le *velarium* en soie rouge étendu au-dessus de l'enceinte ; le promenoir couvert pour recevoir les spectateurs en cas de pluie, tout cela est retrouvé, précisé, mesuré comme si l'architecte contemporain avait eu sous les yeux, les dessins de l'architecte primitif.

On me fera remarquer peut-être que, tout ruiné qu'il soit au dedans, le théâtre romain n'a pas été plus démoli dans son ensemble que l'arc de triomphe transformé en château fort. Je le crois bien ! Il était devenu tout un quartier de la ville,

____

(1) Nous n'oublierons jamais au milieu de quelle émotion religieuse nous avons vu représenter à Orange *Moïse* et *la Norma*, *Polyeucte*, *les Horaces*, *Œdipe-roi*.

le quartier toujours trop peuplé des misérables, des loqueteux, des vagabonds. Après les dévastations de l'invasion sarrasine, les pauvres gens d'Orange et des campagnes voisines étaient venus chercher un abri derrière cette haute muraille qui les isolait du reste du monde. Les uns s'étaient installés, bêtes et gens, sous la voûte des longues galeries ; d'autres dans le trou d'un vomitoire ; le plus grand nombre, sur les gradins, dans de branlantes cahutes faites de trois ou quatre dalles descellées et debout comme font les enfants avec les dominos. Tout ce monde était là chez lui, entrant et sortant par la porte royale comme si elle avait été faite pour lui. C'était une vraie cour des Miracles et un dangereux foyer d'épidémie. La dernière de ces infectes tanières humaines a disparu, il n'y a pas un siècle.

A côté du théâtre, il y avait un cirque qui pouvait s'inonder et servir de naumachie, puis un hippodrome où venaient aboutir les courses de chars qui partaient de l'arc de triomphe. Au point de départ et au point d'arrivée, mais non pas du même côté de la route, s'élevait une *meta* ou chasse-roue en pierre dure que les cochers devaient tourner d'aussi près que possible sans y toucher. Entre les deux monuments, une grande voie augustale qui les reliait, avec des temples, des bains publics ou thermes, sans lesquels il n'existe pas de villes romaines, puis des palais,

des statues, des mosaïques dont les débris se re-
trouvent en grand nombre dans les caves et sous
le pavé des rues. Aussi se demande-t-on quel
grand mouvement, quel grand peuple, quelle
grande histoire ont passé par là.

Rien de plus naturel, en effet, que de juger de
l'importance d'une ville par ses monuments. Il
suffit de jeter les yeux sur ses ruines pour reconnaître qu'Orange a dû être autre chose qu'une
de ces colonies ou plutôt de ces camps retranchés
que le peuple conquérant avait coutume de laisser
sur le passage de ses légions. Quelques-uns ont
prétendu qu'Orange, de même que Vaison pour
les Voconces, était, bien avant César, un centre
religieux, un lieu de pèlerinage renommé parmi
les peuples d'alentour (1). La politique aurait dès
lors conseillé aux nouveaux maîtres de l'agrandir,
de l'embellir, d'en faire un séjour magnifique, afin
de flatter et d'attirer les vaincus. De quelles raisons
prises dans le sol ou dans l'histoire peut-on étayer
cette hypothèse? Je n'en connais aucune mais elle
a, du moins, l'avantage de tenter une explication
d'un fait jusque-là inexplicable. Ne pourrait-on
aussi se demander à quelle séduction irrésistible
auraient cédé les Romains en venant, sans y être
attirés par l'existence d'une ville antérieure,
prendre position sur l'emplacement actuel d'Oran-

(1) *Histoire de la ville d'Orange et de ses antiquités*, par M. de
Gasparin, aîné (Orange, 1815). Ce travail, des plus sérieux, en
est malheureusement resté à son premier volume.

ge ? Vitruve nous dit que le peuple-roi, avant de s'établir quelque part, avait la sage habitude de regarder à trois choses : l'air salubre, l'eau abon‑ dante et pure, l'exposition agréable et profitable à la santé. Or la première seulement de ces trois conditions se trouvait remplie. Quant à la se‑ conde, l'eau manquait si bien qu'il fallut aller la chercher au loin par une ligne d'aqueducs dont on peut suivre encore les vestiges jusqu'au delà de Camaret. Encore moins comprendrait-on qu'on soit venu se placer bien en face du nord pour le seul plaisir d'affronter les poussées furieuses de la bise, en pleine vallée du Rhône, sans abri possible, comme en pleine mer. Il faut être monument romain pour y résister.

De leur côté, les vétérans de la deuxième légion de l'armée de César, qui furent envoyés pour fonder une colonie à Orange, voulurent y reproduire quelque chose de l'image de Rome : *altera Roma !* C'était le rêve de tous les exilés de la ville éternelle. Outre les monuments dont nous venons de parler, ils ne se refusèrent même pas un petit Capitole, qui est devenu plus tard le vieux château. Malheureusement, le mystère semble couvrir de son nuage tout ce fond d'ho‑ rizon où grandit et s'écroula la ville nouvelle. Ni de l'époque romaine proprement dite, ni de l'époque gallo-romaine, il ne nous vient aucun écho de son nom, aucune mention des faits qui ont dû s'y passer. Nous savons seulement qu'elle

devint rapidement assez importante pour obtenir
d'être admise à jouir du droit latin, privilège très
envié par les colons, qui, se trouvant presque
élevés ainsi à la dignité de citoyens romains,
échappaient à la dure juridiction des proconsuls.

Il n'y a pas jusqu'à ce nom d'Orange, qu'on
dirait cueilli dans le jardin des Hespérides, qui
ne se soit transformé en pomme de discorde
entre les mains des érudits. Croirait-on qu'il
n'existe pas moins de onze hypothèses pour expliquer son étymologie, et que nulle d'elles n'a
pu encore réduire au silence les dix autres? Je
sais bien que la naïveté populaire veut qu'une
forêt d'orangers ait couvert, au temps jadis, la
colline où la ville fut construite. Soit! Je ne
demande pas mieux que de me rallier à cette
légende de l'oranger en plein vent. Mais il ne
serait pas inutile d'établir d'abord que ce vent
n'était pas le mistral.

La même fatalité veut qu'on se dispute encore
sur le nom des comtes d'Orange(1). Ils ont cependant régné depuis les premières années du neu-
vième siècle jusqu'aux dernières du douzième. Il
est vrai que l'histoire générale ne parle guère
d'eux jusqu'à l'époque des croisades.

______

(1) Un des derniers historiens d'Orange, le savant M. Bastet,
affirme que les comtes d'Orange appartenaient à l'illustre
maison d'Adhémar, qui dominait alors tout le plat pays compris
entre le pont du Robion, au sortir de Montélimar, et le pont
de Sorgues, à l'entrée d'Avignon.

Orange, saccagé par les Sarrasins, devait figurer en première ligne dans cette marche en avant de l'Europe chrétienne, qui fut pour les uns une revanche et pour les autres une précaution contre l'invasion musulmane. Entre la conquête romaine, qui apportait avec elle toute une civilisation , et la conquête sarrasine, qui ne laissa que des ruines, la différence était grande. Les croisades marquent l'époque où l'accord se fit pour ne plus se rompre entre les premiers vaincus et les premiers vainqueurs. Gaulois et Romains marchèrent ensemble, sous le signe commun de la croix, contre le farouche ennemi de l'Occident. Au retour de ces lointaines expéditions, tant de fois renouvelées, l'unité se trouva faite en France et en Europe ; unité religieuse surtout, mais dont la politique ne pouvait pas tarder à tirer profit.

Dès lors, les héros populaires furent ces rudes batailleurs qui, après avoir chassé du pays les infidèles, allaient les poursuivre jusqu'au fond de l'Orient. A la légende de Vercingétorix succédaient celles de Charles Martel, de Charlemagne, de Guillaume au Cornet, duc d'Aquitaine, que la tradition désigne comme le premier comte d'Orange, de Godefroy de Bouillon, et de tant d'autres.

Dès la première croisade, un Raimbaud II, comte d'Orange, suivi de trois cents cavaliers pris dans son petit État, se couvrit de gloire au siège d'Antioche. On lui a élevé une statue, en 1846, sur la place du marché de son ancienne capitale. Le héros est représenté debout, la dague au poing, couvert de sa cotte de maille et la tête fièrement levée comme en face de l'ennemi. Sur le piédestal, on a gravé ce passage d'un chroniqueur du temps, qui est le plus glorieux état de service que puisse mériter un soldat : *Quo non valentior alter*. « Il n'en fut pas de plus brave. » Deux têtes couronnées voulurent contribuer à la souscription qui fit les frais du monument : Louis-Philippe Ier, comme souverain actuel de l'État d'Orange, et le roi de Hollande, Guillaume II, comme héritier des Nassau, qui en furent les derniers souverains étrangers.

A ce souvenir guerrier, nous pouvons joindre un souvenir littéraire dont le douzième siècle se montre moins prodigue. Une belle comtesse de Die, qui avait épousé un autre Raimbaud, comte d'Orange, était à la fois très éprise de son indigne époux, très malheureuse en ménage et poète à ses heures. Sa destinée, plus originale, à coup sûr, que ses vers, fut d'aimer, ou du moins de chanter toute sa vie un homme qui comptait parmi les plus odieux garnements de son temps. Quand il avait passé toute mesure et mérité l'excommunication, soit pour avoir enlevé de force une femme à son mari, soit pour avoir violé la clôture d'un couvent, le comte Raimbaud devenait soucieux et se hâtait de partir pour la terre sainte où il allait chercher l'absolution en frappant d'estoc et de taille sur les infidèles. C'est pendant ces longues et fréquentes absences de son époux que la pauvre comtesse se répandait en soupirs de veuve et en élégies lamentables. Ce qui nous rassure un peu sur son compte, c'est que, dans les cours d'amour dont elle fut l'ornement, la passion n'était que feintise et le désespoir un jeu littéraire.

En réalité, ces comtes d'Orange, qui se transmirent héréditairement la souveraineté pendant près de quatre siècles, ne furent guère que des chefs militaires. Leur temps ne demandait pas autre chose. Mais quand la guerre devint l'exception, au lieu de rester l'état normal, quand la paix qu'on appela si bien la Trêve de Dieu fut imposée par l'Église, alors il fallut peu à peu aux gouvernants d'autres aptitudes, à l'État d'autres institutions, aux pays d'autres garanties. Ce fut l'œuvre des princes ou plutôt des événements généraux qui coïncidèrent avec leur règne. Les comtes d'Orange avaient duré de 879 à 1175.

II

Entre les comtes et les princes rien de changé au début, que le nom du souverain. Le régime reste le même. Mais on est devenu une principauté, au lieu de rester un simple comté. Mais on est prince, au lieu d'être comte ; un degré de plus on serait roi ! Or telle était l'ambition secrète de beaucoup de ces Macbeth, entre lesquels la féodalité partageait alors la terre de France. Nos rois ont su ce qu'il leur a fallu de guerres et de négociations pour ramener ces grands vassaux à la condition de simples sujets.

La maison des Baux, qui recueillait la succession des comtes d'Orange, était une maison quasi royale, qui tenait le premier rang dans la noblesse de Provence. A l'en croire, elle serait venue de bien plus loin, puisqu'elle se vantait d'être originaire d'Éthiopie et de compter, parmi ses ancêtres, Balthasar, un des trois rois mages de l'Évangile. Son cri de guerre : *Au hasard ! Balthasar !* retentissait depuis des siècles dans toutes nos batailles provençales. Puissamment établie dans sa seigneurie des Baux, aux environs d'Arles (1), elle osa disputer à Raymond Bérenger, de Barcelone, la succession du comté de Provence. Mal lui en prit ; ses partisans fu-

(1) On lit dans le *Calendaou* de Mistral, notre grand poète provençal, qu'on cite déjà comme un classique : *Setanto plaço garnido, Ben merletado, ben munido, Eran Terro Baussenco...* « Soixante et dix-neuf places fortes, bien crénelées et bien munies, étaient *Terres des Baux.* » (*Calendaou,* chant 1.)

Seulement un astrologue, qui croyait probablement les convertir à la paix, avait prédit que, pour vouloir dépasser ce nombre d'une seule ville, on perdrait toutes les autres, ce qui ne manqua pas d'arriver.

rent battus, ses domaines confisqués, ses châteaux démantelés, et de ce jour commença pour
elle un déclin que rien ne devait plus arrêter.
En vain lui fut-il permis d'ajouter à ses titres,
déjà nombreux, les titres tout platoniques de
roi d'Arles et de vicomte de Marseille. La principauté d'Orange apportait au moins, à ses
nouveaux maîtres, outre une souveraineté effective, quelques ressources très appréciées, mais
toujours inférieures à leurs besoins.

Les nouveaux princes ne mettaient d'ailleurs
aucun orgueil à dissimuler le mauvais état de
leurs affaires. Ces fabuleux descendants d'un des
trois rois de l'Évangile, poursuivis à outrance par
leurs créanciers et forcés de compter avec eux,
offrent un exemple d'égalité devant la loi qu'on
ne s'attend pas à rencontrer en plein moyen âge.
Rien de plus fréquent sous leur règne que de voir
le souverain implorer de ses sujets un supplé-
ment de liste civile : « *Non astricti*, ajoutait-on
piteusement, *nisi de corde et bona voluntate.* »
Naturellement, le secours demandé était accordé,
mais que pouvait désormais refuser un prince
qu'on mettait ainsi à l'abri des recors ? Il
cherchait à s'acquitter tantôt par l'abandon,
pour un temps plus ou moins prolongé, d'une
part déterminée des taxes ou de sa propre juridiction, tantôt par tel changement dans les coutumes, qui n'était pas stipulé dans un contrat,
mais que la force des choses semble avoir imposé.

Nous en trouvons une preuve digne d'être signalée dans le cérémonial suivi à l'avènement de chaque prince. Jusque dans la première partie du quatorzième siècle, les habitants d'Orange, réunis sous les halles en conseil général, étaient appelés à prêter serment de fidélité au nouveau souverain, et celui-ci répondait en jurant à son tour de respecter les franchises et privilèges de la ville. Quelques années après, c'est bien toujours la même mise en scène et les mêmes acteurs répétant les mêmes formules; seulement, c'est le prince qui s'engage le premier, et le serment du peuple n'est plus que conditionnel.

Il ne serait pas juste de ne pas tenir compte à la maison des Baux de l'accroissement d'importance et même de territoire que l'illustration de leur race valut à la principauté. Comme les comtes, ils résidèrent à Orange et y tinrent une petite cour où les troubadours, jadis hôtes privilégiés de leurs seigneuries de Provence, se hâtèrent d'accourir. C'est sous leur règne, en 1365, que fut fondée l'université. En outre, ils obtinrent de la cour pontificale d'Avignon la promesse de rétablir l'évêché d'Orange, qui avait dû, après les dévastations sarrasines, être rattaché à l'humble et lointain diocèse de Saint-Paul-Trois-Châteaux.

Les Châlon, qui héritèrent de la maison des Baux, étaient aussi de grande race militaire et féodale. Nullement mêlés jusque-là à nos affaires de Provence, puisqu'ils vivaient à la cour de Dijon, leur activité s'était surtout déployée au service de l'Empereur et de leur Duc. Devenus princes d'Orange, ils restèrent, pour la plupart, Impériaux et Bourguignons. La France, qui préparait ouvertement la réunion de leur province, ne venait qu'en troisième ligne. Querelleurs et batteurs d'estrade, ils avaient toujours l'épée hors du fourreau, le plus souvent pour leur compte personnel, quelquefois pour le compte de leurs nouveaux sujets.

Le plus renommé de ces princes querelleurs fut Philibert de Châlon qui, dans la rivalité entre François Ier et Charles-Quint, prit parti contre la France. Lorsque le connétable de Bourbon fut tué au pied des remparts de Rome, ce fut le le jeune Philibert, déjà cité comme un des meilleurs capitaines de son temps, qui fut appelé à prendre le commandement à sa place. L'odieux sac de la ville des Papes par les reîtres allemands reste donc à la charge d'un prince d'Orange (1). Lui-même n'eut pas l'air de chercher à s'en disculper, car les historiens de la principauté racontent qu'il eut la délicate attention d'envoyer de Rome, aux chanoines d'Orange, douze chasubles de drap de velours à fond d'argent et d'or, comme sa part personnelle dans le pillage des églises. Après avoir soumis Naples et

(1) Philibert de Châlon passe, auprès des auteurs protestants, pour avoir appartenu dès cette époque aux doctrines de Luther,

une partie de l'Italie, Philibert trouva la mort au siège de Florence. Son armée, qui l'aimait comme un chef fait pour elle, lui rendit les plus grands honneurs militaires. Un détachement le reconduisit jusqu'à son tombeau de Lons-le-Saulnier, où l'attendaient les envoyés d'Orange avec la bannière de la principauté (1).

Rencontre étrange, que, des deux plus redoutables ennemis qui mirent la France à deux doigts de sa perte, au seizième et au dix-septième siècle, l'un, Charles-Quint, ait eu parmi ses meilleurs généraux un prince d'Orange, et que l'autre, Guillaume d'Angleterre, fût lui-même un prince d'Orange.

On devine que François Ier, qui avait toujours considéré l'enclave d'Orange comme un démembrement de son royaume, n'ait eu rien de plus pressé que de mettre sous le séquestre le petit État de Philibert de Châlon. Sauf de courtes interruptions, la France le garda jusqu'à la paix de Cateau-Cambrésis, en 1559.

Les Châlon n'habitèrent Orange que par occasion et, comme on dirait aujourd'hui, entre deux trains. Tantôt c'était pour recevoir à son passage quelque grand personnage, qui s'était fait annoncer ; le plus souvent pour stimuler le zèle du conseil de ville, obtenir que les fortifications,

(1) Cette bannière en soie était orange, blanc et rouge, avec les armes de la Ville sur le blanc. C'est un Vincent de Causans qui fut chargé de la porter aux obsèques de Lons-le-Saulnier.

qui étaient déjà trop développées pour les finances d'un si petit État, fussent augmentées ; enrôler des mercenaires et, en définitive, demander de nouveaux subsides. Plus d'une fois les Orangeois furent assez avisés pour dire non.

Il leur en coûta cher, il est vrai, pour avoir cédé une fois à l'ardeur belliqueuse de leur prince. Après une série de combats malheureux contre ses voisins du Dauphiné, Orange fut emporté d'assaut et gardé quelques années à titre de conquête par Humbert, dauphin de Vienne. Si la réunion de cette province à la France, qui était à la veille d'avoir lieu, se fût faite à ce moment, il est probable que la principauté aurait duré quatre siècles de moins.

Peu flattés, en apparence, de se voir délaissés par leurs souverains, les Orangeois ne tardèrent pas à savoir mettre à profit cet éloignement. L'administration proprement dite, remise nominalement à des gouverneurs étrangers peu soucieux de se mêler aux questions locales, non plus que de rester fidèles à leur prince, devint de plus en plus la chose de tous. Sauf les formules du temps et quelques réserves qui semblaient n'être là que pour rappeler les capitulations du pouvoir absolu, on vit, dans cet étroit coin de terre, un rare exemple de gouvernement du pays par le pays. Non seulement les intérêts de la cité, en général, étaient confiés à des magistrats élus par le peuple, mais chacun de ces intérêts avait des représentants chargés de son service. C'est ainsi que le conseil de ville choisissait les prud'hommes jurés, qui réglaient la taille ; les capitaines de quartier, qui pouvaient être requis pour maintenir l'ordre ; les maîtres de la victuaille, qui avaient à s'occuper du marché ; l'avocat de la ville ; les maîtres du feu, chargés de veiller aux incendies ; les maîtres des rues et chemins ; les visiteurs de la poissonnerie ; les recteurs, médecins et chirurgiens pour les hôpitaux. Tous ces élus d'une assemblée élue elle-même ne recevaient mandat que pour un an.

Quant au conseil de ville lui-même, il se composait de trente-deux membres, que tous les habitants d'Orange, réunis sous les halles le 25 avril ou le 1er mai de chaque année, nommaient par acclamations. A son tour, la municipalité proprement dite tenait son élection du conseil de ville. Elle comprenait quatre consuls : le premier pris dans la noblesse ; le second, qualifié d'assesseur, dans la catégorie des gens de robe ; le troisième, parmi les commerçants, artisans et gens de métier ; et le quatrième, parmi les cultivateurs de la campagne ou paysans.

On avait alors un respect tellement exagéré pour l'opinion des minorités, on craignait tellement les rivalités de scrutin et les oppositions de parti pris, que, la majorité des votes ne suffisant pas, on exigeait naïvement l'unanimité.

Pas si naïf cependant ! car, dans le cas où le

conseil ne serait pas parvenu à se mettre d'accord au bout d'un certain temps, c'était au gouverneur qu'il appartenait d'en finir et d'aviser lui-même aux intérêts de la commune, en désignant lui-même les consuls. On devine combien cette extrémité paraissait répugnante à des conseillers très jaloux de leurs droits, et que d'efforts étaient faits pour ne pas s'en laisser dépouiller. Il y a eu cependant des élections de consuls qui n'ont pu aboutir qu'au bout de trois mois. C'est sans doute pour ces rares circonstances que la loi réservait au prince le droit d'annuler, ou, comme nous dirions aujourd'hui, d'invalider six conseillers sur les trente-deux. De son côté, l'assemblée municipale pouvait appeler à elle deux nouveaux élus par quartier, ou *quartonniers*, plus un nombre d'adjoints allant de 12 à 50, et se constituer ainsi en conseil renforcé ou conseil général, chargé de passer outre aux difficultés du moment.

Ajoutons, au risque de provoquer un haussement d'épaules de nos faux démocrates, que les fonctions si absorbantes de conseillers de ville étaient purement gratuites. Les consuls étaient exempts du droit de fouage, impôt sur les habitations, dont la dispense passait surtout pour honorifique. En outre, quand ils s'en allaient en mission d'affaires publiques en dehors de la principauté, ils avaient droit à une indemnité de déplacement de 5 livres par jour.

Un caractère familier à beaucoup d'institutions de l'ancien régime, c'était de mettre la volonté du gouvernement à la place du droit qui appartient à chacun de disposer librement de sa personne et de ses biens. Despotisme, il est vrai, mais despotisme du père de famille toujours ardent à protéger ses enfants et ne voulant jamais croire qu'ils soient parvenus à l'âge de se protéger eux-mêmes. Aujourd'hui que nous sommes émancipés et même souverains, est-on sûr qu'il ne reste rien dans notre législation de ces pratiques du bon vieux temps ? Ne vous hâtez pas de jurer ! Dites-moi, par exemple, si, dans le cas de peste ou de choléra proche de nos frontières, quelqu'un songe à s'insurger contre les précautions, pourtant si vexatoires, que prend l'autorité pour s'opposer à la propagation du fléau ? Eh bien ! le même assentiment de tous s'appliquait autrefois à l'intervention de l'État dans la question des subsistances. Sans doute cette question sera toujours dominée par l'adage impitoyable, comme le bon sens : *Primo vivere!* Mais, suivant les temps, quelle différence dans les moyens ! On vivait jadis chacun chez soi, sans trop se préoccuper du voisin, ni pour en rien attendre, ni pour lui rien donner. Il fallait absolument compter sur soi-même, sur les seules ressources du coin de terre que l'on cultivait. Avec une industrie encore sans audace et sans crédit, avec des voies de communication peu nombreuses et mal entretenues, n'eût-il pas été plus qu'imprudent de se fier à la spéculation, en cas de disette, pour tenir les marchés suffisamment approvisionnés ? Dès lors, le gouvernement s'en trouvait chargé, et nous devons reconnaître qu'en ces moments de crise alimentaire il ne perdait pas son temps à discuter de vaines théories sur la liberté des échanges.

Dès que la récolte de l'année était reconnue insuffisante, les consuls faisaient publier une ordonnance appelée *la Sarrado*, en vertu de laquelle chaque propriétaire devait *serrer* son grain, en mesurer la quantité sous l'œil d'un agent de la commune, n'en vendre, ni pour or ni pour argent, à aucun étranger, mais le faire porter aux halles pour être livré aux seuls habitants de la ville et sans en retirer plus que le prix fixé par l'administration. Pendant que durait la consommation des ressources locales, un des consuls avait le temps d'aller, à Lyon ou en Bourgogne, acheter ce qui manquait pour assurer l'alimentation publique jusqu'à la récolte suivante. Ces blés, transportés par le Rhône au Lampourdier, qui était le port d'Orange, étaient soigneusement emmagasinés et vendus aux gens du pays par les consuls.

Ce fut grâce à ce procédé, si peu digne de la science, qu'Orange dut plus d'une fois de vivre dans l'abondance pendant que la famine sévissait dans les contrées voisines.

9.

Il va de soi que le conseil de ville ne restait pas plus oisif devant les dangers qui menaçaient la santé publique. Nous le voyons, pendant une peste qui décimait le Dauphiné, doubler la garde des portes pour ne laisser entrer qui que ce soit venant des pays infestés, faire faire la visite du blé, chasser de la ville les gens inutiles et sans aveu, appointer des médecins et des chirurgiens et fournir 2.000 livres tournois aux apothicaires pour achat de remèdes et soins convenables.

Notons en passant que la surveillance des étrangers fut de tout temps une des besognes difficiles et nécessaires du gouvernement. Non seulement les mendiants des paroisses voisines, mais les réfugiés de France ou des États pontificaux qui avaient souvent les plus pressantes raisons de fuir la justice de leurs pays, accouraient à Orange comme dans un lieu d'asile. A ce danger, que les représentations diplomatiques transformaient parfois en *casus belli,* on avait répondu par l'institution d'une police spéciale et pourvue d'attributions exceptionnelles. Deux agents de la municipalité, portant le nom significatif de *Chasse-coquins,* étaient chargés de ramasser par la ville tous les vagabonds et mal vivants et de les conduire à l'une des portes qui se refermaient impitoyablement sur eux. Pour obvier à ce que ce procédé avait de dur et d'égoïste, chaque expulsé recevait en partant un pain appelé *pan de la passado* « pain de la promenade », qui devait lui suffire pour regagner sa commune.

Nous n'en finirions pas s'il fallait suivre dans tous leurs détails les mesures de prévoyance et de charité prises par une autorité véritablement amie du peuple. C'est ainsi que les vignes, les figuiers, les oliviers étaient protégés par de sages et méticuleux règlements. C'est ainsi que chaque propriétaire ne devait avoir que le nombre de brebis qu'il pouvait nourrir, afin de lui épargner la tentation d'aller pâturer chez le voisin. C'est ainsi que les chèvres étaient, comme au temps du paganisme, sacrifiées à Cérès, c'est-à-dire proscrites ; c'est ainsi que la glace, si nécessaire pour les malades et si agréable aux biens portants pendant l'été, devait être livrée aux habitants à raison de 2 à 3 patas la livre (1).

En résumé, cette administration municipale portait surtout la marque d'une administration voulant le bien, et le peuple lui payait cette bonne intention en affection et en respect. Malgré tant d'années de centralisation et de révolutions à outrance, il n'est pas impossible de retrouver encore dans l'esprit de la population orangeoise quelque chose de ces rares traditions. Ce qu'on ne retrouvera plus, c'est le pouvoir regardé comme un office de bien public, c'est la foi chrétienne animant tout de sa chaleur, éclairant tout

----

(1) Il fallait 5 patas de France et 6 patas des Etats pontificaux pour faire un sou.

de sa lumière, et donnant à la politique elle-même un peu de la solidité des choses éternelles. Qu'on se figure, par exemple, notre suffrage universel prenant pour son compte la formule de serment du suffrage universel des Orangeois :

« Seigneur, notre bon Dieu et Père, nous vous supplions très humblement vouloir présider en la présente action, nous y conduire par votre Saint-Esprit et nous dépouiller de toutes passions et affections particulières afin que nos propositions et conclusions tendent à votre honneur et gloire, service de Son Altesse, augmentation de cette cité, paix et repos des gens de bien. Ainsi soit-il. »

Comme cela est pris de plus haut que nos circulaires électorales ! Comme cela est plus sensé, plus vrai et plus honnête que nos réunions publiques, où les galopins de la politique sont seuls maîtres, et dont ils sortent trop souvent travestis en législateurs !

III

Les Nassau arrivèrent après les Chalon (1). Ceux-là ne tenaient à la France ni par le ter-

(1) Par hérédité quoique sans parenté entre les deux maisons. Philibert de Chalon avait bien laissé sa principauté à son neveu René de Nassau, fils de sa sœur, mais celui-ci étant mort dans l'année sans laisser d'enfants, son héritage était revenu à Guillaume de Nassau (*le Taciturne*), qui n'avait rien de commun avec les Chalon ; de là les réserves faites à

ritoire, ni par leurs origines, ni par leurs intérêts. Ils vivaient en Hollande, les premiers parmi les plus anciens, et se transmettant d'abord par l'élection, puis par hérédité, le titre quasi-royal de stathouder, qui allait prendre une si grande place en Europe.

C'est en 1531 que la troisième dynastie des princes d'Orange fut mise en possession du pouvoir. On était à la veille des guerres de religion. Dès lors, personne ne pouvait se tromper sur l'importance qu'allait prendre un petit État indépendant de la France, placé à la porte d'Avignon et gouverné par un prince protestant. Les Nassau furent des premiers, en effet, à se laisser gagner par les nouvelles doctrines. Jusque-là, il faut le reconnaître, l'enclave d'Orange avait assisté au spectacle de l'histoire plutôt qu'elle n'y avait pris part. Quels moyens eût-elle trouvés pour y jouer un rôle ?

Non tantas licet componere lites !

Aussi les événements, cette matière première de l'histoire, qui produit des hommes bien plus que les hommes ne la produisent, n'apparaissent que rarement dans sa longue existence. Je parle des événements faits pour la postérité et que chacun veut connaître. Sans doute, les petits peuples ont eu leur mission dans le monde, et

Utrecht en faveur de quelques familles françaises qui avaient des attenances avec les Chalon.

je me tiens loin de nos diplomates contemporains qui semblent n'accorder qu'à trois ou quatre grandes puissances le droit d'exister. Mais, encore, ne faut-il pas être trop petit ! Quoi qu'en disent les protocoles, le val d'Andorre est une grande ferme plutôt qu'une petite république. Je ne répondrais pas que le territoire de la principauté d'Orange ait compté beaucoup plus de mètres carrés.

On croit communément que les limites de ce petit État étaient les mêmes que celles de l'arrondissement d'Orange actuel. Ce serait déjà bien modeste et ce serait pourtant bien exagéré. Il y aurait plus d'exactitude à prendre pour point de comparaison les deux cantons entre lesquels se partagent aujourd'hui la ville d'Orange et sa banlieue. Encore faudrait-il en détacher Caderousse, Piolenc et Sérignan qui, sous des conditions diverses, relevaient du Pape. Par contre, il conviendrait d'ajouter, au sud, Courthézon, village de 1.500 âmes, que les historiens locaux appellent gravement : « la seconde ville de la principauté. »

Avec une étendue de 10 à 12 lieues carrées, avec une population de 12 à 15.000 habitants, avec un revenu de 150 à 200.000 livres, avec des voisins comme la France et les États pontificaux, que voulez-vous que devînt la pauvre principauté d'Orange ? Elle ne pouvait vivre que de la vie municipale, et s'en référer, pour le reste, aux actes internationaux, tels que ceux de Madrid,

de Cateau-Cambrésis, de Nimègue, de Ryswick,
qui n'ont cessé de consacrer son droit jusqu'au
traité d'Utrecht.

Les rapports entre Orange et ce qu'on appelait « le royaume » étaient ceux d'une tutelle un
peu hautaine de frère aîné (1), mais en somme
d'entente facile et de bonne amitié. Je n'en dirais
pas autant à propos de l'État pontifical: c'étaient
deux États faibles et par conséquent portés à se
jalouser. En outre, ils étaient trop voisins, trop
l'un dans l'autre, pour ne pas se gêner un peu. On
voyait de trop près, à Orange, qu'Avignon tenait
avec un tout autre éclat son rang de capitale ;
et, d'autre part, on ne pouvait oublier, chez le
vice-légat, qu'Orange servait de refuge à tous
les mécontents d'Avignon. De là une tradition-
nelle animosité d'esprit public et une certaine
tension diplomatique entre les deux gouvernements.

Rien au contraire de plus facile à régler que
les malentendus avec la France. On raconte que
le roi Louis-Philippe, se plaignant un jour du roi
des Belges, M. Villemain aurait dit : « Sire, il
faut lui faire déclarer la guerre par le préfet du

(1) Nous sommes heureux de pouvoir signaler à ce sujet une
*Histoire de la principauté d'Orange, suivie de lettres inédites
des princes d'Orange, des rois de France, du comte de Grignan,
etc.*, qui vient de paraître. (Paris, chez Picard ; Avignon, chez
Seguin ; à la Haye, chez M. Nithoff.) L'auteur, M. le comte A.
de Pontbriand, a su mettre en pleine lumière de précieux documents qui sont pour lui des papiers de famille.

Nord ! » Le spirituel académicien ne se doutait pas peut-être que cette facétie avait été prise au sérieux par l'ancien régime. Dès qu'un différend tardait à s'accommoder, l'intendant du Dauphiné arrivait à Orange avec quelques archers, se faisait montrer le chemin de l'hôtel de ville, convoquait le conseil et donnait communication des ordres du roi. Aussitôt l'écusson du prince régnant, mais absent, était respectueusement décroché de dessus la porte et remplacé par les trois fleurs de lis, puis tout était dit, et le gouverneur n'avait qu'à partir pour aller retrouver son maître. Ce n'était pas l'annexion au territoire français, c'était un simple changement de nom du prince par ordre du roi de France, de tout temps, le vrai maître.

Une vieille querelle était ouverte depuis longtemps entre les deux pays. La France affichait la prétention de confisquer l'autonomie judiciaire de l'État d'Orange en portant l'appel des causes principales devant le parlement de Provence ou du Dauphiné. Comme on le devine, le gouvernement de la principauté résistait de toutes ses forces ; mais le public, désireux surtout des garanties d'une bonne justice, ne repoussait pas avec autant de passion la juridiction française. C'est probablement pour en finir avec une situation équivoque qu'on eut, en 1470, l'idée audacieuse de créer un parlement à Orange.

Ce fut une réduction au dixième de nos grandes cours. Celle-là ne se composait d'abord que de quatre conseillers, plus un président et un procureur général, et, plus tard, de douze conseillers, le président compris. Sauf les cas urgents, elle ne tenait que deux sessions par an, en mai et en octobre. Les membres de ce tribunal minuscule ne recevaient, à l'exception du président, qui avait le double, que 200 francs par an, plus deux minots de sel. Le parlement d'Orange n'en devint pas moins, comme en France, un pouvoir politique.

Les honneurs se payent. Ce ne devait pas être sans de terribles chocs et de mortelles avaries que l'humble barque orangeoise quitta le rivage et vint prendre rang parmi les navires de haut bord.

Déjà, au douzième siècle, une autre guerre religieuse, les croisades, avait fait retentir le nom d'Orange sur de lointains champs de bataille. Cette fois, ce n'était pas contre les infidèles et en Orient, c'était entre chrétiens et dans le pays même que la lutte allait s'engager. Elle n'en devait être que plus acharnée. Les guerres civiles, soient-elles religieuses ou politiques, se livrent de foyer à foyer et souvent dans le même foyer, sous les yeux de la mère au désespoir. L'horreur d'un tel spectacle vient s'ajouter aux horreurs ordinaires de la guerre, et les sentiments naturels, une fois mis en oubli, rien ne distingue plus la société des hommes de la société des fauves. Pour porter un jugement équitable sur ces temps funestes, il faut sans doute se servir, mais il faut aussi se méfier, de ce que nous appelons « les sources », c'est-à-dire les auteurs contemporains. Ce sont, pour la plupart, des combattants plutôt que des historiens, et des combattants dont les coups portent loin, car leurs récits sont lus et répétés d'âge en âge.

Depuis que le dernier coup de mousquet a été tiré entre catholiques et protestants, l'histoire a eu le temps de reprendre son sang-froid et de faire à chacun sa part de responsabilité. La politique des gouvernements d'alors doit comparaître en première ligne comme accusée. Non que le mouvement populaire fût factice ou né de leurs intrigues, mais pour l'avoir favorisé, surexcité et armé en guerre. Peu importe, d'ailleurs, au nom de quelle croyance et sous la conduite de quels chefs ! De Catherine de Médicis à Elisabeth d'Angleterre, il n'y a que la Manche à traverser. Pour l'une comme pour l'autre, la religion ne fut qu'un prétexte. Fouillez au fond de ces cœurs sans pitié, vous n'y trouverez qu'ambition, rivalité, haines féminines, soif du pouvoir, c'est-à-dire une politique toute personnelle, qui mérite l'exécration des catholiques autant que des protestants.

Quant aux partis mis en présence, il ne serait pas juste de les confondre avec les chefs qui se

servaient d'eux. Rien ne justifie, mais malheureusement tout explique les excès auxquels ils
se livrèrent. Les catholiques, d'abord, odieuse-
ment provoqués, attaqués dans leur foi, dans
leur culte, dans leurs prêtres, dans leur légitime
établissement d'Église nationale, croyaient sincèrement que tout devient permis et même mé-
ritoire à qui défend Dieu et l'État contre l'hérésie. De l'autre côté, les protestants, grisés de révolte, contempteurs fanatiques des superstitions
populaires, brandissant la Bible comme les musulmans brandissaient le Coran, briseurs d'ima-
ges comme eux, se disant appelés à ramener
l'Église aux vertus des premiers siècles, et portant la cognée au pied du chêne pour le débar-
rasser de quelques branches parasites, ne savaient
que répéter le cri de Savonarole : *Gladium
Domini cito et velociter per terram!* Cri de sar-
rasin plutôt que de chrétien.

La guerre seule, et une guerre d'extermination, pouvait sortir d'un tel foyer de haines
saintes. La lampe du sanctuaire allait mettre le
feu aux quatre coins du monde. A huit reprises,
en moins de cinquante ans, les deux partis se
ruèrent l'un sur l'autre, sans parvenir à se détruire. Tout patriotisme avait succombé dans
cette affreuse mêlée. Anglais, Hollandais, reîtres
d'Allemagne accoururent à l'appel des protestants, tandis que les soldats et les ducatons d'Espagne se laissaient voir derrière les ligueurs.

Un roi de génie comprit enfin que si les doctrines ne périssent pas sous le glaive, il n'en
est pas de même des nations, et qu'il était temps
de mettre un terme à cette dévastation impie de
la France par les Français. Il y eut alors pour
le pays rendu au repos une seconde édition de
cette fameuse paix augustale, qui fit regarder
comme un bienfait des dieux la chute de la république romaine.

Cette fois, Auguste s'appelait Henri IV, et ce
ne fut pas seulement par l'autorité enfin rétablie que fut fermé le temple de Janus, ce fut par
la liberté de conscience pour la première fois
proclamée.

Pendant la période des guerres de religion,
la ville d'Orange eut pour sa part à subir trois
ou quatre assauts victorieux qui la laissèrent
épuisée de sang et de discordes. Les partis semblaient s'être donné le mot pour rejeter l'un sur
l'autre la responsabilité de leurs excès, et
croyaient se justifier en se condamnant tous les
deux. C'est ainsi que, lors de la prise d'Orange
par l'armée catholique de Serbelloni et du comte
de Suze, les vainqueurs s'excitaient au massacre
en criant : *Pago Barjols!* « Paie Barjols! » Or,
Barjols est un gros bourg de Provence que les
protestants avaient pris naguère et noyé dans
le sang. A son tour, le sac d'Orange devait être
« payé ».

L'occasion ne se fit pas attendre. Le baron

des Adrets, après avoir passé au fil de l'épée les garnisons de Pierrelatte et de Bollène, envoya son lieutenant, Montbrun, mettre le siège devant Mornas, village du comtat Venaissin, à 10 ou 12 kilomètres d'Orange.

Mornas était alors une petite place forte. Son château, construit sur la crête d'une haute falaise, dominait à pic la route qui passe encore à ses pieds et le Rhône qui, à cette époque, affleurait la route. On peut dire du château de Mornas ce que Montaigne a si bien dit du palais des Thermes, à Rome : « On en voit encore la chute toute vive. » On croirait en effet que l'écroulement continue, tant les énormes blocs de remparts et de bastions semblent suspendus sur la tête des passants. Le gouvernement du Pape avait placé là son bureau de douanes pour toutes les marchandises qui entraient ou sortaient du côté du nord. Montbrun, comprenant tout de suite que toute escalade de la falaise serait vaine, n'eut l'air de la préparer que pour tromper l'assiégé, et, s'étant porté au loin vers le sud par un mouvement tournant, vint se présenter en face et de plain-pied devant le château. Après une vigoureuse résistance, il fallut se rendre. Montbrun décida que la garnison tout entière défilerait devant lui, puis se précipiterait ou serait précipitée, homme par homme, du haut de la falaise. Ceux auxquels ce saut de plus de 100 pieds ne suffisait pas étaient attendus en bas par des soldats armés de piques. C'était un divertissement de César romain que s'offrait là le général huguenot.

Or il arriva qu'un de ces malheureux n'ayant pris sans doute qu'un élan insuffisant vint tomber dans les branches d'un figuier poussé d'aventure dans les fissures du rocher et dont on montre encore les rejetons. Aussitôt des coups de feu partirent d'en haut et d'en bas pour le forcer à reprendre sa dégringolade interrompue. Mais il paraît bien que le mousqueton n'était pas une arme de précision, car aucune balle ne l'atteignit. Alors Montbrun, que cet incident avait amusé, fit jeter une corde dans le figuier, et l'homme fut remonté, puis rendu à la liberté. Les auteurs protestants ajoutent que, pour montrer sa reconnaissance à celui qui, après avoir été son bourreau, était devenu son libérateur, le soldat catholique se serait fait calviniste et aurait pris du service dans l'armée de ses nouveaux coreligionnaires.

Nous ne trouverions à ce récit rien d'inadmissible, et nous serions même très porté à croire que l'abjuration avait été demandée au pauvre diable pendant qu'il se débattait dans son figuier. Mais il nous paraît bien difficile de concilier cette hypothèse avec un fait absolument historique.

Quelques années après, le roi Charles IX, avec sa mère Catherine de Médicis, visitant le Midi entre deux traités de paix, s'arrêtait à Mornas, et se fit présenter le héros de l'aventure du figuier auquel il assura une pension viagère de 40 écus. Est-il probable, est-il même possible qu'un si bon accueil eût été fait par le roi lui-même à un catholique qui aurait renié sa foi, à un soldat qui aurait passé à l'ennemi ?

Mais ce n'était pas à la garnison que le second du baron des Adrets en voulait le plus ; c'était aux chefs qui avaient prolongé la résistance et qui ne s'étaient rendus qu'à la dernière extrémité ; trois d'entre eux avaient été mis de côté et réservés pour une fantasmagorie funèbre où Montbrun se complaisait. Après avoir été impitoyablement dagués, — la dague étant d'un effet plus assuré que le mousqueton, — les trois cadavres furent revêtus de la robe bariolée, de la large ceinture rouge et du turban des marchands arméniens, si connus alors dans la contrée (1). Puis on les garrotta debout contre un mât solidement planté dans une barque. Au-dessus flottait un écriteau avec cette inscription : *Voi d'Avenione lasciate passare questi mercanti che*

______

(1) On appelait ainsi des Levantins qui venaient chaque année porter dans notre Midi les menus produits de l'industrie de leur pays. C'étaient des pastilles du sérail, de longues fioles d'essence de rose, des dattes, des confitures sèches, des joyaux d'Orient, des soieries aux couleurs éclatantes, et, dit-on, des philtres et remèdes secrets. Les Arméniens, longtemps si populaires en Provence, ont disparu avec la foire de Beaucaire, qui était leur rendez-vous habituel.

hann' pagati i dazzi a Mornas (1)! Et la barque fut abandonnée au fil de l'eau.

Elle n'arriva pas jusque sous les remparts d'Avignon et vint atterrir au-dessous de Sorgues, à la pointe de l'île de la Barthelasse. Les trois victimes, que l'on prit sans doute pour des musulmans indignes de la terre sainte, furent inhumées sur place. La digue au pied de laquelle ils reposent s'appelle encore dans le pays, et sans qu'on sache dire pourquoi : *la levado dis Arménians*.

Orange avait à son tour à venger Mornas. Cette fois, ce fut en se donnant, un an et demi avant Paris, l'horrible spectacle d'une Saint-Barthélemy.

Depuis que la France avait reconnu à Cateau-Cambrésis (1559) le droit des Nassau, depuis surtout que l'édit de pacification de Saint-Germain, qui mit fin à la troisième guerre de religion (1570), avait rappelé Guillaume dans la principauté, les pasteurs de l'Église d'Orange, certains désormais de vivre sous un souverain de leur religion, avaient eu hâte d'installer chez eux le régime désiré. La ville était devenue un foyer de plus en plus ardent de propagande hérétique et un asile de plus en plus ouvert aux Réformés de la Provence, du Languedoc et du

(1) « Vous, d'Avignon, laissez passer ces marchands qui ont payé les droits à Mornas. »

Dauphiné. Tout se préparait publiquement pour la suppression du culte catholique. Le clergé devait être proscrit, la plupart des églises avec leurs revenus devaient être livrées au culte nouveau. Pour réaliser ce plan, l'occasion seule avait manqué jusque-là. Cette occasion, le massacre du 2 février 1571 allait la fournir.

Ce jour-là, des bandes de forcenés se répandirent dans les rues d'Orange, tuant tous les protestants qu'ils rencontraient et les pourchassant jusque dans leurs domiciles. On a beaucoup dit, et l'enquête a prouvé, que la plupart de ces misérables étaient étrangers à la ville. Cela n'explique rien et ne disculpe personne. Ces étrangers n'étaient pas venus sans être appelés et ne pouvaient d'ailleurs connaître quels étaient les protestants d'Orange et où ils logeaient. Le commandant de la garnison française du château fut accusé de connivence pour n'avoir consenti à sortir et à rétablir l'ordre qu'au bout de huit jours.

Pour être judiciaire, la répression n'en fut pas moins impitoyable et prompte. Le petit parlement d'Orange, sentant le besoin de donner plus d'autorité aux jugements qu'il allait rendre, demanda au parlement de Grenoble et au présidial de Nîmes de lui envoyer deux de leurs membres les plus renommés comme criminalistes. La justice eut son cours. Il n'y eut pas moins de soixante-sept condamnations à mort, le plus grand nombre par contumace.

Mais le résultat politique de cette criminelle tentative, faite pour assurer à jamais le triomphe des catholiques, fut de livrer, et pour longtemps, le pouvoir aux protestants. L'évêque en fuite, les prêtres dispersés et réduits à se cacher, les églises changées en temples, leurs biens distribués aux pasteurs, le parlement ne faisant qu'un avec le consistoire, l'hôpital confisqué, le collège livré au seul culte dissident, les catholiques outrageusement exclus des fonctions publiques, tel fut l'état de choses établi dans la principauté après le 2 février 1571, et qui dura plus de trente ans. A Orange comme partout, les réformateurs, devenus maîtres, se démentaient eux-mêmes en se montrant ennemis de la liberté de conscience au nom de laquelle ils venaient de triompher, et en s'imposant comme Église d'État à la place de celle qu'ils avaient renversée.

Il fallut l'action persévérante de Henri IV pour ramener les pasteurs à une plus équitable appréciation du droit public qu'ils avaient prêché. Les conditions qu'ils posèrent au début des négociations sont à peine croyables. L'exercice de la religion romaine ne pourrait avoir lieu que dans une partie de la ville d'Orange ; les quatre consuls et les douze membres du parlement seraient toujours protestants « comme depuis vingt-cinq ans »; l'église de Saint-Martin et les rentes affectées jadis aux œuvres pies seraient laissées aux pasteurs.

Tel est le langage qu'on osait tenir au souverain qui venait de signer, à quelques jours de date, le traité de Vervins, c'est-à-dire la paix de la France avec l'Europe (avril 1598), et l'édit de Nantes, c'est-à-dire la paix de la France avec elle-même (mai 1598).

Henri IV ne voulut rien entendre et, pour toute réponse, il profita des bons rapports qu'il entretenait alors avec Philippe-Guillaume de Nassau, pour obtenir le rappel d'un gouverneur qui s'était montré favorable aux prétentions du consistoire. Après bien des pourparlers, on finit par se mettre d'accord sur ce qu'on appelait alors « le régime mi-partie », qui consistait dans le partage égal des fonctions publiques entre les deux religions. Le prince quitta quelque temps la Hollande pour venir inaugurer lui-même ce nouveau mode de gouvernement (1).

On s'étonne de la résistance passionnée des pasteurs, car, malgré la copieuse moisson qu'ils avaient pu faire dans une population privée de son culte depuis un quart de siècle, il s'en fallait encore que les protestants y fussent aussi nombreux que les catholiques.

L'apaisement fut lent à venir; les petites villes

---

(1) Philippe-Guillaume de Nassau, fils aîné de Guillaume le Taciturne, avait été transporté encore enfant, comme otage en Espagne où il avait été élevé dans la religion catholique. Aussi se montra-t-il tout favorable à la pacification voulue par Henri IV. Son frère-cadet, Maurice de Nassau, célèbre par ses talents militaires, devint le chef des Huguenots.

sont un peu comme les navires où les haines et les divisions, une fois introduites, renaissent d'elles-mêmes, parce qu'on y vit les uns sur les autres, et qu'on a vingt fois par jour l'occasion de se regarder de travers. L'évêque et son clergé ne purent rentrer qu'en 1609, c'est-à-dire après trente-huit ans d'exil.

La principauté d'Orange en avait fini avec cette vie municipale calme et ignorée du monde pour laquelle elle était faite, et qui avait assuré jusque-là sa prospérité. Non seulement on ne pouvait plus compter sur l'unanimité des votes, mais il n'était plus même possible de réunir les électeurs dans le même local. En outre, elle prenait rang désormais parmi les États protestants de l'Europe. Dès lors, son indépendance allait dépendre d'événements qu'il ne lui était permis ni de prévenir, ni de dominer.

IV

On sait que la paix religieuse dura moins encore que l'édit de Nantes lui-même, qui ne dura pas un siècle. Notre époque, qui a connu cependant tous les genres de persécutions, s'arrête indignée et comme interdite devant cette fantaisie d'absolutisme qui déchira l'acte pacificateur donné par Henri IV. On sait que la révocation ne se fit pas en une fois. Avant celle de Louis XIV, si impolitique, il y avait eu celle de Louis XIII, si nécessaire.

Pour être durables, les concessions politiques veulent être acceptées comme données *bona fide*, sans arrière-pensée, pour le bien de tous. Ceux qui étaient appelés à bénéficier de l'édit de Nantes montrèrent trop vite le parti qu'ils comptaient en tirer contre la France catholique. Les places de sûreté qui leur avaient été livrées étaient devenues, dans leurs mains, autant de foyers de guerre civile à la disposition de nos ennemis. Ce n'est pas Richelieu qu'on pouvait impunément provoquer par le réveil des résistances féodales et l'intervention de l'étranger. Il frappa la Rochelle devenue ville anglaise, déchira d'un coup d'épée la clause dangereuse des places de sûreté et mérita bien, ce jour-là, du roi et de l'unité nationale.

Aussi n'avons-nous pas été médiocrement surpris, il y a quelque temps, d'entendre célébrer la différence entre la monarchie qui assiégeait la Rochelle et la république qui lui donnait un port nouveau(1) Notez que les mêmes voix officielles qui osent reprocher au roi Louis XIII d'avoir repris la Rochelle, qui venait d'ouvrir sa rade aux Anglais, exaltent sans mesure la Convention, qui prit, pour la saigner à blanc, la

(1) Voy. les discours échangés au mois d'août 1890, entre M. Carnot, président de la république, et divers orateurs officiels, à l'occasion de l'inauguration du port de la Pallice.

10.

ville de Toulon, coupable exactement du même crime antipatriotique. Voilà l'histoire, voilà la justice comme il la faut aux jacobins ! *Mentita est sibi iniquitas eorum.*

De ce que Richelieu avait retranché *manu militari* une des branches de l'arbre, il ne s'ensuivait pas que le tronc dût aussi être abattu. L'essentiel de l'édit de Nantes, ce n'était pas les places de sûreté, c'était le libre exercice du culte réformé, sauf certaines conditions imposées par l'esprit du temps. Cette dernière révocation, après laquelle il ne restait rien, fut, à nos yeux, une grande faute d'orgueil de la part de Louis XIV, et une plus grande faute de courtisanerie de la part de ses conseillers. Je ne sais pas s'il a existé, depuis Nabuchodonosor, un souverain plus idolâtre de sa personne et de son autorité que le royal élève de Mazarin. Rien ne lui devait échapper, la conscience pas plus que les biens de chacun de ceux qui vivaient sous son sceptre. L'idée ne lui serait jamais venue que le moindre d'entre eux eût le droit de lui répondre : Sire, j'ai ma foi religieuse, qui n'est pas la vôtre et que je garde, tout en restant votre fidèle sujet.

Sans doute on lui avait souvent répété qu'il serait responsable devant Dieu de l'erreur involontaire de tant de gens qui n'attendaient qu'un mot du roi pour revenir à la vraie foi. Mais ce mot, je doute que Louis XIV eût jamais consenti à le dire, s'il ne se fût senti tout à la fois menacé et flatté dans son autorité, menacé par l'existence d'une autre religion que la sienne dans son royaume, flatté par la perspective de prononcer un *fiat lux* qui allait ramener tous les hérétiques dans le giron de son Église. On avait vu déjà, lors de l'affaire des gardes corses, combien ce sentiment dominait chez lui tous les autres. Quoique fervent catholique et tenant beaucoup à son titre de fils aîné de l'Église, il ne craignit pas, pour venger l'insulte faite à sa couronne, de fouler aux pieds la tiare pontificale sur une place de Rome.

Aussi est-ce à cette superstition de l'omnipotence royale que Louvois, qui connaissait son maître et qui, sans être un Père de l'Église, fut le promoteur de cette funeste mesure, ne cessa de faire appel. A peine l'affaire était-elle engagée que les rapports des intendants arrivèrent de toutes parts criant au miracle, racontant que la parole du roi avait suffi pour envoyer à la messe des villages entiers appartenant à l'hérésie, que les abjurations ne se comptaient plus et qu'il ne resterait bientôt de huguenots en France que les pasteurs dont on aurait raison par quelques années d'éloignement. Qui eût osé prévoir alors que ce coup d'autorité, qui devait tourner si vite à la gloire du roi, allait entraver et attrister vingt-cinq ans de son règne, donner le signal d'une émigration assez nombreuse pour prendre rang parmi les calamités publiques, porter à l'étranger les procédés et les ressources d'une industrie déjà florissante, exaspérer contre nous la haine des puissances protestantes, introduire dans les conseils de l'Europe l'idée que la moitié du pays allait se soulever contre le gouvernement aussitôt que l'armée d'invasion aurait franchi la frontière. Le tout sans parler d'une insurrection de montagnards qu'on ne parvint à réduire que par des négociations personnelles entre Villars et le chef des camisards.

On n'a peut-être pas assez expliqué pourquoi Louis XIV, qui fut si heureux dans la première partie de son règne, ne rencontra jamais que des échecs quand il essaya de toucher aux choses religieuses. Qu'il s'agisse des protestants ou des jansénistes, c'est toujours la même lourde main de l'État qui veut forcer les dissidents à plier le genou devant des autels qui ne sont pas les leurs. C'est toujours aussi la même résistance, homme par homme, qui consacre la déroute morale de l'État. Cela veut dire évidemment que, sauf un droit de police que personne ne songe à lui contester, le gouvernement n'a pas plus à s'immiscer dans l'exercice des divers cultes que dans le for intérieur des consciences. Les questions religieuses sont de celles qu'il ne faut pas aborder en roi ni traiter de main de maître. La seule excuse du petit-fils d'Henri IV n'est pas dans l'entraînement d'un fanatisme doctrinal qui n'eut jamais prise sur lui, ni même d'avoir été trompé avant de se tromper lui-même : elle consiste uniquement dans la conviction où il a vécu que des sujets qui refusent de se soumettre à la religion du roi sont des révoltés et qu'il faut en avoir raison. Erreur qui devait nous coûter cher, mais qui ne semble pas avoir été aussi nuisible à la mémoire de Louis XIV qu'à nous-mêmes. C'est parce qu'en toute occasion il a sincèrement confondu sa propre grandeur avec la grandeur de la France, que, malgré ses fautes, il a été et reste un grand roi.

Cette fois encore, Orange dut à sa position indépendante d'avoir à porter plus que sa part du poids des malheurs publics. A deux reprises différentes, les rigueurs de la révocation lui furent appliquées : une première fois pour avoir donné asile aux réfugiés des pays voisins, une seconde fois après sa réunion définitive avec la France et comme application de la loi française. Aux premières mesures coercitives prises par les intendants, les protestants voisins de la principauté étaient accourus dans la petite capitale des Nassau. Il en arrivait de partout, ceux du Languedoc à travers le Rhône, les autres par toutes les routes de Provence ou du Dauphiné. Les historiens évaluent leur nombre entre 800 et 12.000. En vain le gouverneur, qui se voyait en butte, depuis le premier jour, aux réclamations irritées de la France, multipliait les ordonnances et les descentes de police ; en vain le parlement mul-

tipliait ses arrêts, rien ne devait prévaloir contre
un courant si naturel. Rien non plus ne pouvait
empêcher que cette occupation de courte durée
ne servît de prétexte à une occupation définitive.

Orange avait eu, en 1660, la visite de Louis XIV.
Visite flatteuse mais redoutable ! Car si cet hôte
d'un jour était un jeune monarque déjà cou-
ronné de gloire, il était aussi un voisin très im-
patient d'en finir avec cette anomalie d'une enclave étrangère au centre de ses provinces méridionales. Louis XIV se trouvait alors à Avignon,
en route pour les Pyrénées, où il allait signer la
paix avec l'Espagne et ses fiançailles avec une
infante. En venant à Orange, il venait un peu
chez lui, car le château était occupé à ce moment
par une garnison française. Le prince régnant
étant mineur et des contestations s'étant élevées
pour la tutelle, Mazarin avait mis fin au débat
en la prenant pour la France. La vue du château, bastionné suivant toutes les règles de l'art
par Maurice de Nassau, et de la ville enfermée
dans ses remparts, déplut vivement au jeune
roi. Ces formidables précautions ne pouvaient
en effet avoir été prises que contre lui. Aussi
la démolition fut-elle de ce jour chose arrêtée
dans son esprit.

L'occasion si désirée ne pouvait tarder à se
produire. La principauté, appartenant à un souverain à la fois hollandais et protestant, fut en-
vahie comme hollandaise lors de la campagne

de Hollande, en 1672, et comme protestante lors de la révocation de l'édit de Nantes, en 1685.

Dès la première de ces deux occupations, les fortifications du château d'abord et, peu d'années après, celles de la place entière furent mises au niveau du sol. Le traité de Nimègue ne rendit à Guillaume de Nassau qu'une ville démantelée. Ce fut le comte de Grignan, lieutenant du roi en Provence (1), qui fut chargé de réduire cette bicoque, comme on disait avec dédain. Cette entreprise, qui ne paraissait pas à tout le monde un aussi grand exploit que l'aurait voulu Mme de Sévigné, n'en fit pas moins honneur au comte de Grignan. Le roi lui sut gré de s'être contenté de réunir la noblesse de Provence et du comtat, sans demander ni un homme ni un écu au gouvernement (2).

(1) Et non gouverneur, comme beaucoup le croient. Le gouverneur de Provence était alors le duc de Vendôme, qu'on n'avait pas vu depuis 1670 et que le lieutenant du roi remplaçait. Après Vendôme, ce fut Villars qui fut nommé au gouvernement de Provence. Depuis Richelieu, on voulait surtout des gouverneurs de province non résidents. La volonté royale s'exécutait ainsi sans obstacle par les intendants ou par les lieutenants généraux du roi.

(2) L'affaire d'Orange, écrit la marquise sous la date du 8 décembre 1673, fait ici un bruit agréable pour M. de Grignan. Cette grande quantité de noblesse qui l'a suivi par le seul attachement qu'on a pour lui, cette grande dépense, cet heureux succès, tout cela fait honneur et donne de la joie à ses amis qui ne sont pas ici en petit nombre. Le roi a dit à son souper : « Orange est pris, Grignan avait sept cents gentilshommes avec « lui. On a tiraillé du dedans et enfin on s'est rendu le troi- « sième jour. Je suis fort content de Grignan. » (*Lettres* de la marquise de Sévigné, t. IV, édition Montmerqué.)

Tout se passa plus simplement en 1685. Les remparts jonchaient l'enceinte de leurs débris, comme on le voit encore aujourd'hui, et nulle résistance, même par simulacre, n'était possible : un régiment de dragons, posté depuis quelques jours en observation à Montélimar, arriva par détachements sur divers points du pays, moins pour en faire la conquête que pour vivre à ses dépens. Le colonel de Tessé affirmait en toute rencontre n'avoir d'autre mission que de forcer les sujets du roi à rentrer chez eux, puisque le gouvernement local n'était pas assez fort pour faire exécuter lui-même ses nombreux décrets. Mais, dans leur ardeur de conversion, les dragons ne tardèrent pas à croire qu'ils étaient chargés en même temps de remettre dans la voie du salut les sujets de Guillaume. Alors commença pour la principauté l'odieux régime des dragonnades, qui avait été déjà mis à l'essai en d'autres provinces. Il consistait tout simplement à donner logement et nourriture à quelques dragons chez les protestants, avec consigne de rendre la maison inhabitable pour tous autres que pour eux. On devine si cette façon de controverse théologique, dont les arguments allaient se chercher à la cave, était du goût de la soldatesque. Les résultats furent, à Orange comme partout, d'innombrables abjurations suivies de prompts retours publics ou latents à l'hérésie, dès que les persécuteurs étaient remontés en selle. Les émigrations ne furen

pas nombreuses, cette fois, parce que les Orangeois dissidents comptaient sur le retour prochain de leur prince. Ils n'en eurent pas moins
à subir toutes les rigueurs de la persécution qu'ils
avaient naguère infligée eux-mêmes aux catholiques. Leurs pasteurs furent expulsés et leurs
temples fermés.

C'est un axiome de droit public, qui n'est plus
contesté aujourd'hui, que la guerre déclarée entre deux peuples met en péril la fortune, la liberté, la vie, la nationalité, le territoire, mais
non la conscience des belligérants. Il n'en a pas
été toujours de même. Sans remonter jusqu'à la
conversion en masse des Saxons par les soldats
et les missionnaires de Charlemagne, on peut
dire de nos guerres de religion qu'elles furent
surtout des guerres de propagande. Aussitôt après
le combat, et la victoire à peine décidée, venait
le moment d'en recueillir le fruit le plus précieux qui était le changement de religion des
vaincus. On comprend combien devaient être
sincères et libres les adhésions prodiguées à un
prédicateur entouré de soldats la dague au poing.

Ce ne furent pas seulement les catholiques qui
donnèrent cet exemple. Les auteurs protestants,
si violents contre ce qu'ils appellent les *missions
bottées*, reconnaissent que « ceux de la religion
eux-mêmes » étaient loin de dédaigner cet insolent
profit de la victoire : « Les capitaines huguenots
qui portèrent la guerre dans le comtat Venais-

sin, dit le plus récent et mieux informé d'entre eux, se firent, il est vrai, accompagner, *à l'exemple de leurs frères d'armes du royaume,* de ministres de leur religion qui, après la prise d'une place, y prêchaient sur l'heure les doctrines évangéliques (1). »

Ryswick (1697) vint de nouveau, mais pour la dernière fois, rendre Orange à ses anciens maîtres. On sait qu'en restituant en pleine victoire toutes ses conquêtes, Louis XIV, à la veille de la grande guerre de la Succession d'Espagne, que tout le monde jugeait inévitable, quel que dût être le testament de Charles II, voulut étonner l'Europe par un invraisemblable désintéressement. Le culte réformé fut donc rétabli dans la principauté, et ce fut le tour des catholiques d'être traités en parias. Les pasteurs emprisonnés par Tessé au château de Pierre-Scise, à Lyon, revinrent en triomphateurs au milieu de leurs fidèles ivres de joie. Les rues d'Orange, où les protestants se montrèrent seuls, retentissaient du cri de *Vive le roi !* Seulement il ne s'agissait pas du roi de France, mais du roi d'Angleterre, son ennemi le plus acharné. Défi ridicule autant qu'insolent! Sans être Louis XIV, tout Français pouvait s'en dire offusqué.

Cette nouvelle période d'importance politique pour la ville d'Orange dura six ans, de la paix

(1) *Histoire des protestants du comtat Venaissin et de la principauté d'Orange,* par le pasteur Arnaud (Avant-Propos).

de Ryswick à la mort de Guillaume III. Plus elle se livrait aux réformés, plus elle donnait à la France des raisons d'agir contre elle. Dès le début de nos troubles religieux, le consistoire d'Orange, demandant un ministre de choix au conseil de Genève, avait soin de lui dire : « N'oubliez pas l'importance de notre Église constituée au milieu des terres du grand ennemi de l'Évangile. »

Aussi les pasteurs envoyés dans la principauté furent-ils presque tous des hommes désireux de jouer un rôle. Leur influence se suit à la trace des événements. Loin d'opposer l'esprit libéral aux persécutions, ils s'inspirèrent de l'esprit de Calvin, qui ne tolérait le libre examen qu'à l'encontre de la religion catholique. Vis-à-vis du pouvoir local, c'est-à-dire du gouverneur et des consuls, ils se montrèrent plus d'une fois exigeants et malhabiles ; vis-à-vis de la France, haineux et provocateurs.

Cependant la situation de 1685, si pleine de périls pour Orange, allait se refaisant de jour en jour. Dès qu'il fut connu dans les provinces voisines que le culte réformé s'exerçait librement, que le grand temple était rouvert, que les prisonniers de Pierre-Scise s'y montraient chaque dimanche, racontant les souffrances de leur captivité et les joies providentielles de leur délivrance, une masse de protestants fugitifs ou convertis par les dragons trouvaient le moyen de se rendre chaque semaine au prêche d'Orange. Édits terribles fulminés de Versailles, décrets impuissants du gouverneur, tout recommença comme au siècle précédent, jusqu'au jour où le comte de Grignan, à peine averti de la mort du roi d'Angleterre, vint signifier les derniers ordres de Louis XIV.

Cette fois, ni siège ni dragons : tout se borna à la lecture, à l'hôtel de ville, d'une lettre patente dûment enregistrée au Conseil royal, par laquelle François-Louis de Bourbon, prince de Conti, était appelé à prendre possession du titre et du territoire d'Orange, à l'exclusion de tout successeur désigné par le testament de Guillaume. Au lieu de la raison d'État qui parlait si haut, on mettait en avant un droit de succession auquel personne n'avait songé. Un tableau généalogique fut étalé dans les chancelleries pour établir que les Bourbon-Vendôme, ancêtres des Conti, étant plus rapprochés des Châlon que les Nassau, c'est à eux que la principauté aurait dû être attribuée en 1531, et que la mort de Guillaume la laissant sans maître, une occasion toute naturelle s'offrait de revenir sur une erreur qui, dans aucun cas, ne pouvait prescrire contre les héritiers légitimes.

Quant au peuple orangeois, on lui disait qu'en rentrant avec les Conti dans l'ordre héréditaire il s'assurait à jamais l'amitié et la protection de la France. Depuis Louis XI, les princes d'Orange,

leur avènement, devaient foi et hommage au roi
le France. Avec la nouvelle dynastie, on y joignit le ressort et la souveraineté, c'est-à-dire que
e parlement du Dauphiné allait se substituer à
celui d'Orange, et que les seules lois du royaume
levaient être appliquées dans la principauté (1).

Comme on le voit, c'était la réunion à la
France à peine dissimulée. La petite capitale
voulut néanmoins prendre le change et se per-
suader que ses franchises municipales allaient
être maintenues, comme on le lui promettait.
Tout fut donc accepté sans objection. Il y eut
même des fêtes publiques et des feux de joie en
l'honneur du nouveau prince.

Quant à la question religieuse, aucune illusion
ne pouvait subsister, puisqu'elle avait fourni à
elle seule un prétexte permanent à l'occupation.
C'était bien le nouveau régime français, le régime de la révocation de l'édit de Nantes, qui
allait être introduit dans l'ancien héritage des
Nassau. Sans doute, on n'en était plus, en 1703,
aux fureurs et aux espérances de 1685. On pouvait signaler quelque relâche dans la persécution.
Déjà, par ordre du roi, les convertis n'étaient
plus tenus, sous les peines les plus sévères, à
fréquenter l'église et les sacrements. En outre,

(1) Pourquoi le parlement du Dauphiné, plutôt que celui
le Provence, puisque c'était M. de Grignan, lieutenant du roi
en Provence, qui gouvernait la principauté ? Cette anomalie
remonte sans doute à l'époque où Louis XI, comme Dauphin
lu Viennois, s'était déclaré suzerain d'Orange.

l'administration se prêtait à faire aux intéressés remise d'une partie des revenus ou même de la propriété des biens confisqués (1).

Le comte de Grignan n'eut donc aucune peine à faire accorder aux protestants qui optèrent pour l'exil un délai de quelques mois pour mettre ordre à leurs affaires. « Je vous réitère ici, écrivait-il aux consuls, que, par les ordres qu'il a plu à Sa Majesté de m'envoyer, il paraît qu'elle verrait avec beaucoup plus de satisfaction la conversion que le départ de nos religionnaires, mais qu'elle ne veut plus absolument qu'il reste dans son royaume des sujets qui ne seraient pas catholiques (2). »

Trois mille protestants de toutes les conditions quittèrent leur pays plutôt que de se prêter à une comédie d'abjuration. C'était plus du tiers des habitants d'Orange et le cinquième de ceux de la principauté (3). Arrivés à Genève, ils adressèrent à Frédéric 1er, roi de Prusse, qui était l'héritier désigné par Guillaume, leur serment de fidélité et la demande d'être accueillis dans ses

(1) *La Famille de Mme de Sévigné en Provence*, par le marquis de Saporta, p. 64.

(2) *Histoire des protestants de la principauté d'Orange*, par le pasteur Arnaud, p. 379.

(3) Dans ce nombre on comptait 15 officiers de la garnison 68 officiers du Parlement, 67 pasteurs et anciens des églises, 65 avocats ou veuves d'avocats, 30 médecins ou veuves de médecins, 72 bourgeois, 99 marchands ou veuves de marchands. 106 cordonniers, 102 cardeurs de soie, 63 cardeurs de laine, 247 fermiers et laboureurs, 49 tisserands, etc. (Gaitte, *Emigration.*)

États. Ce refuge leur fut ouvert sur la très vive insistance du gouvernement de Genève, qui ne savait que faire de tant d'amis à loger et à nourrir.

On trouve encore, non loin de nos frontières de l'Est, des villages qui ne sont pas les moins favorisés par l'industrie où foisonnent des noms français à peine germanisés. Mais les plus notables des émigrés ne s'arrêtèrent qu'à Berlin, où ils furent reçus comme des martyrs de la foi. On trouva moyen de les établir dans le même quartier, où ils purent continuer à vivre entre eux et suivant leurs coutumes. Les anciens membres du Parlement furent même autorisés à se constituer en tribunal qu'on appela tribunal d'Orange, et qui jugeait, d'après la loi française, tous les différends entre les membres de la petite colonie. En plus d'une cérémonie publique, les Berlinois remarquèrent avec étonnement la robe rouge et la simarre des conseillers au parlement d'Orange dans les rangs de la magistrature allemande.

Malgré tant de bonnes grâces, si peu familières aux Prussiens, beaucoup de nos émigrés, pressés par la misère et sans doute aussi par le regret du pays natal, revinrent en France. De loin en loin, ils entendirent bien quelques menaces de persécutions qui s'annonçaient comme prêtes à renaître. Mais une politique à la fois plus clémente et plus habile avait décidément prévalu. Aux émigrations en masse, comme on en avait trop vu, on préférait, sans oser l'avouer, le rétablissement clandestin de la religion proscrite. A Orange même, les protestants eurent une série de pasteurs dits « du désert », dont le ministère s'exerçait dans des cachettes connues de tout le monde. Il en fut de la reprise du culte réformé comme il devait en être, un siècle plus tard, de la réouverture des églises catholiques. Dans la plupart des paroisses, la force des choses avait parlé avant le Concordat.

Si la mise en vigueur de la loi religieuse française fut la première difficulté de l'annexion d'Orange, elle ne fut pas la seule. Bien que, depuis cent cinquante ans, la principauté fût divisée en deux Églises, c'est-à-dire en deux camps, il n'y avait toujours qu'une opinion à propos de l'indépendance du pays et des libertés de la commune. M. de Grignan avait pu s'en apercevoir. Ayant ordonné, au lendemain du jour où il eut repris la ville sur les protestants, la démolition des fortifications qui restaient, il ne trouva personne du pays, ni catholiques ni huguenots, pour se prêter à cette besogne antipatriotique. Se combattre et même s'exterminer les uns les autres pour cause de foi religieuse, on s'y prêtait volontiers des deux côtés, mais découronner la petite capitale, la faire déchoir de son rang de place forte, la laisser à la merci de toutes les invasions, jamais ! Ni par promesse, ni par menace, il ne fut possible d'aboutir, et il fallut avoir recours à des ouvriers étrangers.

Quoique la résistance des Orangeois à la complète assimilation avec la France ne pût être bien sérieuse, leur mauvaise humeur fut visible. Tantôt c'était le conseil de ville qui refusait de répondre à des convocations réitérées, et M. de Grignan qui se voyait forcé de surélever le chiffre de l'amende infligée de tout temps aux membres absents (1); tantôt c'étaient les consuls qui se présentaient avec des chaperons tellement effilochés et crasseux que M. de Grignan dut en faire la remarque, et comme on lui répondit que la commune n'était plus assez riche pour s'en payer de neufs, la dépense fut ordonnée d'office (2).

Nous comprenons que l'échange des franchises municipales de la principauté, contre le bon plaisir de la monarchie absolue n'était pas pour recommander le nouveau régime. Habitué à vivre seul, loin de ses princes, dont la souveraineté presque nominale ne trouvait que rarement l'occasion de s'exercer, le peuple d'Orange avait fini, comme le fermier qui ne voit jamais le maître du sol qu'il cultive, par se croire maître lui-même Ce qu'il avait su faire, comme administration économe et prévoyante, était merveilleux. Ses seules res-

____

(1) Arrêté du comte de Grignan qui porte cette amende de 5 sols à 5 livres (1706).

(2) Arrêté du comte de Grignan qui ordonne l'acquisition aux frais de la commune de quatre chaperons (1688).

sources consistaient dans un faible droit de mutation sur les immeubles et un octroi sur la route et sur le Rhône. Le gouverneur prélevait là dessus 50.000 francs ; le reste, c'est-à-dire 150 à 200.000 livres, suffisait à Orange pour tenir son rang de petite capitale. Outre son parlement, elle avait un viguier, des consuls et les agents à leurs ordres une université fondée en 1226, que sa voisine d'Avignon accusait de faire des docteurs à la fleur d'orange ; un collège de plein exercice créé en 1553 par la commune et qui figure encore au budget de la ville, mais pas en recette ; un hôtel des monnaies dont les pièces d'argent circulaient en France ; une cour des Aides ou chambre des comptes et finances ; un hôpital général ouvert aux malades de la principauté ; et jusqu'à Louis XIV, un fastueux château qui attendait en vain, depuis des siècles, la visite de ses souverains, avec une garnison de deux à trois cents mercenaires, plus un ruineux développement de murailles et de bastions avec trois ou quatre gardes à chaque porte.

C'est cependant cette couronne de fortifications plutôt faite pour écraser la ville que pour la défendre, qui fut tour à tour l'orgueil et le regret du patriotisme local. Tant que put durer l'illusion de l'indépendance, conservée sous la protection de la France, il fut question à Orange de relever au moins les remparts. Aujourd'hui encore on ne montre pas sans amertume à l'étranger les

ruines énormes accumulées par la sape et la
pioche de M. de Grignan.

Trojaque nunc stares,` Priamique arx alta maneres !

J'ajoute à l'honneur de l'ancien gouvernement
d'Orange que, dès le quinzième siècle, nous trouvons dans son budget un maître d'école rétribué
à 12 florins par an. La bonne tradition se maintint
dans le pays, car les Frères du bienheureux La
Salle furent appelés en 1718, c'est-à-dire dans les
premières années de leur existence. S'il s'est trouvé
tout dernièrement un conseil municipal assez
asservi aux consignes d'un parti pour rompre
avec ces vrais amis de l'instruction du peuple, les
Orangeois se sont hâtés de leur ouvrir une école
libre où ils envoient les deux tiers de leurs enfants
et qui a pris place parmi les meilleures du département.

Bien que l'on puisse citer jusqu'à trois membres de la maison de Conti qui ont porté, sans en
faire bruit, le titre de prince d'Orange (1), il n'est
pas permis de les compter comme une quatrième
dynastie qui aurait régné sur la principauté. Ils
n'ont régné ni un jour ni une heure. A dater de
la mort de Guillaume III, Orange n'a eu qu'un
souverain, le roi de France. Il était d'ailleurs
fondé en droit féodal, comme eut soin de le
rappeler le parlement d'Aix, parce que le comté

(1) Ce furent François-Louis de Bourbon, en 1703 ; Louis-
Armand, en 1717 ; et Louis-François, en 1718.

d'Orange avait d'abord fait partie du royaume de Bourgogne, puis, comme fief hommage-lige, du comté de Provence réuni depuis deux cents ans à la couronne. Quant aux Conti, ils n'avaient été mis entre deux que pour ménager la transition et préparer les Orangeois au sacrifice de leurs plus chères libertés.

Restait à terminer la question diplomatique. Le roi de Prusse, désigné par son cousin germain Guillaume III pour lui succéder à Orange, n'avait pas l'air de se presser beaucoup d'aller prendre possession d'un si petit territoire situé si loin de ses États. Le spectacle de nos désastres et l'espérance de recevoir quelque chose de nos dépouilles l'avaient jadis rattaché à la « grande alliance ». Mais ni l'Empire, ni l'Angleterre, ni la Hollande ne s'étaient montrés favorables à ses prétentions. Il est vrai qu'elles étaient énormes et que, chez ce nouveau venu, l'appétit ne semblait pas en rapport avec les services.

Aux conférences de la Haye et de Gertruyden-berg, où les ennemis de la France se montrèrent à la fois si impitoyables et si impolitiques, Frédéric Ier eut le secret de renchérir encore sur ses alliés. Ce n'était rien moins que la Franche-Comté qu'il lui fallait.

Son envoyé, le baron de Schemettau, démontrait par des raisons curieuses à relire aujourd'hui, que, pour la France, le défaut de la cui-

rasse était à Besançon plutôt qu'à Strasbourg.
« L'Alsace, disait-il, n'est pas à comparer avec
la Franche-Comté... Car, outre qu'il est no-
toire que les Alsaciens sont plus Français que
les Parisiens, le roi de France est si sûr de leur
affection à son service et à sa gloire qu'il leur
ordonne de se munir de fusils, de pistolets, de
hallebardes, d'épées, de poudre et de plomb,
toutes les fois que le bruit court que les Allemands vont passer le Rhin, et qu'ils courent en
foule sur la ligne du Rhin pour empêcher, ou
du moins en disputer le passage à la nation ger-
manique, au péril évident de leur vie, comme
s'ils allaient au triomphe. En sorte que l'Empereur et l'Empire peuvent être persuadés qu'en
reprenant l'Alsace seule, sans recouvrer la Franche-Comté, ils ne trouveraient qu'un amas de
terre morte pour l'auguste maison d'Autriche,
et qui couvera un brasier d'amour pour la France
et de fervent désir pour le retour de son règne en
ce pays, auquel ils donneront toujours conseils,
faveurs, aide et secours dans l'occasion (1). »

Certes, la noble Alsace n'a pas besoin de
ce nouveau brevet de patriotisme ; de la part
d'un diplomate prussien, il a cependant son prix.
Le représentant de Frédéric se hâtait d'ajouter
que la Prusse, déjà maîtresse de Neufchâtel,

(1) *Neufchâtel et la politique prussienne en Franche-Comté*
(1702-1713), par Emile Bourgeois, chargé de cours à la Faculté
des lettres de Lyon (1887).

avait en main la clef de la Franche-Comté et pourrait seule, avec le plus de dommage pour la France et le plus de profit pour l'Allemagne, être chargée de cette ancienne province d'Empire.

L'insidieuse et fanfaronne proposition de Berlin fut repoussée avec dédain , et il fut décidé, en outre, que la neutralité du territoire helvétique s'étendrait sur le territoire de Neufchâtel, devenu prussien. Le moment n'était pas venu encore pour le roi de Prusse de s'imposer à l'Allemagne comme son protecteur contre l'ambition de la France. Ce fut alors que, dépité de ce fâcheux accueil, Frédéric se retourna vers Louis XIV et lui proposa de céder à la France ses droits héréditaires sur Orange, à condition qu'on reconnaîtrait son titre de roi de Prusse et qu'on lui permettrait de transférer le nom de principauté d'Orange à la moitié de la Gueldre hollandaise, qui faisait désormais partie de ses États. C'est ce qui fut réglé par l'article 10 du traité d'Utrecht, qui, laissant au nouveau roi le titre et les armes de prince d'Orange, le chargea de désintéresser tous ceux qui auraient quelques prétentions à faire valoir (1).

(1) Par l'article 10 du traité de paix entre la France et le roi de Prusse, le roi de Prusse renonce à toute perpétuité à ses droits et prétentions à la principauté d'Orange et à toutes les terres et seigneuries qui en dépendent, situées, soit dans le Dauphiné, soit en Franche-Comté. Il est permis au roi de Prusse d'attacher le nom de principauté d'Orange à cette partie de la

La principauté d'Orange, une fois cédée à la France par celui qui en était, aux yeux de l'Europe le légitime possesseur, il n'y avait plus qu'à écarter le voile complaisant des Conti et à donner ordre à l'intendant du Dauphiné d'aller prendre possession de ce coin de terre ajouté à sa province. Cette dernière formalité eut lieu le 22 septembre 1731.

C'était fini du petit État d'Orange. Entre ses comtes et ses princes, il avait vécu près de neuf siècles. Avec l'extrême modicité de ses ressources et le voisinage de la France, qui n'a jamais vu en lui qu'un démembrement de son propre territoire, cette longue durée peut passer pour le trait le plus curieux de son histoire. Je suis loin de prétendre, je le répète, que la politique internationale ait mérité, à aucune époque, d'être assimilée à un chapitre de la *Morale en actions*. Mais il est certain que, dans l'ancienne

Gueldre qui vient de lui être cédée, comme aussi de prendre le titre et les armes de ladite principauté.

Ce prince était, en outre, chargé de s'entendre avec les héritiers du prince de Nassau-Frise, au sujet de leurs prétentions sur la principauté, et autres prétendants. Savoir : 1° le prince de Nassau-Siégen. comme plus proche agnat de la maison de Nassau-Orange ; 2° le marquis de Mailly et Nesle, comme descendant d'un fils de Marie des Baux, qui, en 1410, a porté la principauté dans la maison de Châlon ; 3° le marquis de Viteaux, comme descendant du même; 4° le marquis d'Aligre, descendant du même ; 5° le marquis d'Aix de Châtillon, comme descendant de la fille aînée de Louis de Châlon, aïeul de Claude de Châlon, qui porta la principauté d'Orange dans la maison de Nassau. (*Histoire des traités de paix, depuis la paix de Westphalie*, par le comte de Garden, t. II.)

société politique, l'odieuse raison du plus fort, tout en étant trop souvent la meilleure, n'aurait pas osé s'étaler en thèse de gouvernement, après la victoire, comme nous l'avons vu de nos jours à Berlin. Le principe conservateur des États, celui que le diplomatie entourait d'un culte superstitieux, c'était le principe héréditaire ; on l'a remplacé de nos jours par le consentement populaire. Évidemment le lien est plus fragile et la preuve à faire moins à la portée de chacun. Je ne demande pas mieux cependant que de donner mon adhésion au droit nouveau, mais à condition qu'il soit appliqué, non pas une fois et en passant, mais dans tous les cas, et à nous comme à tous les peuples égaux en civilisation. Qu'on se hâte donc d'appeler les Alsaciens-Lorrains à faire connaître par un vote en due forme, s'ils ont réellement voulu cesser d'être Français pour devenir Prussiens.

Comme un fruit mûr qui pend sur la route, la France n'avait qu'à tendre la main pour cueillir la principauté. Elle a préféré attendre et ne se l'approprier que le jour où elle l'a vu tomber de l'arbre. On dirait qu'Orange a bénéficié, sans qu'on s'en rendît compte, de l'inviolabilité des États pontificaux qui l'entouraient de toutes parts.

A le regarder en lui-même et surtout à le comparer aux autres, le gouvernement d'Orange fut un des meilleurs de son temps. Ses princes ont été pour la plupart ce qu'on appelle familièrement de bons princes. Absents ou présents, ils ont voulu contribuer à la prospérité de cet heureux petit pays. Généreux dans les moments de pénurie, ils ne se montraient à l'ordinaire ni exigeants ni rapaces. Ce qui manquait à leur petit État pour être à même d'assurer lui-même son indépendance, ils le demandaient à leurs grandes relations européennes, tantôt à la France et parfois à ses ennemis. Sans violences et sans dédain envers le peuple, ils n'avaient pas à compter avec une aristocratie assez puissante pour devenir jamais une rivale. En somme, ils furent aimés parce qu'ils méritèrent de l'être, et obéis parce qu'ils laissèrent chaque commune s'administrer elle-même.

Ces princes, disparus ou remplacés par les Conti, la situation ne pouvait que se précipiter vers son issue naturelle et depuis si longtemps prévue. Orange accomplit alors sa destinée, qui était d'appartenir à la France. Sa population, toujours intelligente et fidèle, s'y résigna comme à un dénouement plus inévitable peut-être que désiré. On lui laissa, dans les premiers temps, le titre flatteur de principauté, comme en fait foi la convocation royale aux élections de 1789.

Sans doute, il est dur de tomber du rang de petite capitale à celui d'humble sous-préfecture. Mais j'ai vu le temps, — et je reste de ce temps-là, — où le titre de Français passait pour l'honneur suprême. Protestants et catholiques peuvent en être fiers et oublier de plus en plus qu'ils ont formé jadis deux partis toujours prêts à se combattre. De dissensions religieuses, il n'y en a plus de possibles, à moins que la France n'ait à faire justice d'un gouvernement assez obtus pour se dire antichrétien.

Et surtout, qu'on se garde bien d'infliger à cette noble ville d'Orange la souillure des souvenirs de 1794! Pas une goutte du sang répandu alors ne doit rejaillir sur elle. Dans l'horrible drame dont elle fut le théâtre, elle n'a fourni que des victimes. Pas un des membres du tribunal assassin ne fut un Orangeois. En venant installer chez nous un de ces abattoirs d'hommes qui devaient faire tant d'amis à la république, les jacobins savaient bien que la guillotine ne risquait pas de chômer. Malgré l'acharnement de leurs juges et de leurs bourreaux, l'œuvre d'extermination n'a pas réussi. Grâce à Dieu, on trouverait encore dans la même contrée assez de gens fidèles à la foi de leurs pères et qui refusent d'admirer, même en bloc, les journées de Septembre, pour fournir à une seconde épreuve.

Mais, en attendant, les Orangeois ne répondent pas plus des tueries qu'on est venu faire chez eux, que les Nantais, riverains de la Loire, ne répondent des noyades de Carrier. Le souvenir de ces affreux jours reste vivant et maudit dans les familles, et le cri de l'humanité barbarement outragée accusera éternellement, devant Dieu et devant les hommes, le Comité de salut public qui a tout fait, et la Convention qui, jusqu'au jour où elle s'est vue elle-même menacée, a tout laissé faire.

AVIGNON ET LE COMTAT VENAISSIN

I

Si les monuments d'Orange réveillent le souvenir de l'ère des consuls et des empereurs, la vue d'Avignon rappelle plus vivement encore l'ère des papes. Entre ces deux villes si voisines, Rome tient tout entière. Glorieux partage pour l'une comme pour l'autre, et qui ne se rencontre nulle part ailleurs !

Cet énorme entassement de tours et de remparts, qui double la masse du rocher sur lequel il s'élève, semble une tiare gigantesque posée sur le front de la vieille cité pontificale. A la fois église, forteresse et palais, c'est tout le moyen âge dans un seul édifice. De partout on le voit, on vit sous son ombre, on sent son poids. S'il venait jamais à s'écrouler, ses décombres enseveliraient la moitié d'Avignon. Cette forêt de clochers, qu'il domine de si haut, ne montent dans les airs que pour lui faire cortège et pour carillonner en son honneur. Cette coquette ceinture de remparts crénelés et de portes à mâchicoulis n'est là que pour achever la toilette du géant et décorer le paysage. Quant à lui, il lui suffit de se tenir debout, depuis cinq cents ans, dominant au loin le Rhône et la plaine. Il forme à lui seul tout le paysage ; il s'impose, il règne, il se défend par sa masse seule, *mole suâ stat*.

Les papes l'avaient construit pour devenir leur demeure et depuis qu'ils ne sont plus là, on ne sait comment tirer parti de cette habitation faite à leur taille. On y a trouvé des casernes, des prisons, des magasins d'armes, de vastes dépôts pour les archives. On veut y transporter les musées, la bibliothèque, les écoles ; rien n'a rempli, rien ne remplira le vide de cette immense solitude. Quand l'histoire et la légende se sont rencontrées quelque part, il faut leur laisser toute la place : à l'une, parce qu'elle la mérite : à l'autre, parce qu'elle la prend. Quoi qu'on en fasse, le palais des papes du quatorzième siècle sera toujours « le palais des papes », rien que cela.

Que de fois, dans nos claires nuits d'été, qui ne sont que le déclin du jour attiédi, j'ai vu passer et repasser, derrière la colonnade des hautes galeries, l'ombre d'un vieux moine vêtu de bure blanche, le front chargé de la triple couronne, qui s'arrêtait de loin en loin pour tendre sur la ville et sur le monde ses bras bénissants !

Lorsque les Italiens de notre temps seront parvenus, comme leurs dignes ancêtres d'il y a six siècles, à rendre le séjour de Rome intenable pour le Saint-Père, ils verront, comme ils l'ont

déjà vu, ce qu'il en coûte de ne pas savoir garder
un pareil hôte, et le *re d'Italia* se chargera de
remplir à lui tout seul le Vatican désert et Saint-
Pierre abandonné.

> ..... *Sedet, æternumque sedebit !*

Bien avant de devenir la résidence des papes,
Avignon avait une longue existence de commune
libre. Son gouvernement se partageait entre les
comtes de Provence et de Toulouse ; mais son
administration n'était qu'à elle. Menacée par ses
princes dans cette indépendance, la ville se souleva contre eux, et, dès le douzième siècle, se
constitua en république. Celle-ci ne mit pas moins
de cent ans à parcourir, au milieu des ruines,
ses phases historiques. D'abord épiscopale, puis
aristocratique, puis démocratique, elle avait si
bien désabusé tout le monde sous chacune de ces
formes qu'un jour vint où la population tout entière sentit le besoin d'en finir avec elle, et de
rappeler ses anciens souverains (1).

(1) La république d'Avignon devait cependant nous rendre
service contre la République Française. D'après une tradition
des plus autorisées, si nous avons pu sauver nos riches archives
en 1794, c'est à notre République du xiiie siècle que nous le devons. La Convention avait décrété que tous les parchemins,
titres odieux de l'ancien régime, seraient mis en réquisition
par l'autorité militaire et serviraient à faire des cartouches
et des gargousses. Le conservateur pour le département de
Vaucluse était alors un vieil érudit nommé Dom Néri, ancien
moine de l'abbaye de Bompas. Dès qu'il eut reçu la nouvelle
de la visite des artilleurs pour le lendemain, il courut dire au
général : « Mais vous ne ferez pas cela, citoyen ! Vous ne pour-

Mme de Staël dit quelque part qu'elle ne connaissait dans l'histoire qu'un seul exemple d'un peuple qui ait renoncé librement à se gouverner lui-même. Ce sont les Danois du quatorzième siècle qui signèrent, sans vergogne, ce qu'ils appelèrent eux-mêmes « une charte de servitude ». L'illustre écrivain, qui prenait déjà ses précautions contre les plébiscites impériaux, aurait pu citer aussi les Avignonnais du treizième siècle, qui sortirent, de leur plein gré, de la république pour revenir à leurs anciens princes, mais aux curieuses conditions suivantes :

Un viguier et deux assesseurs, nommés par le souverain, pour représenter son autorité mais étrangers tous les trois à la ville et pour un an seulement; lesdits gouverneurs devront jurer, en présence de l'assemblée communale, de ne jamais rien faire contrairement aux statuts, de rendre la justice aux citoyens et aux étrangers

riez pas le faire sans assumer la plus grave responsabilité. Tout le monde sait ici que tous les papiers qui datent de la tyrannie pontificale sont partis pour Rome, il y a une dizaine d'années, en prévision des événements d'aujourd'hui. Il y en avait même 16 charriots, ajouta-il sans pouvoir dissimuler un soupir. Aujourd'hui tout ce qui reste ce sont les titres de la République d'Avignon, » Et comme le général levait les épaules le bonhomme reprit que rien, dans l'histoire, n'était plus certain, que les Avignonnais n'avaient pas attendu le xviiie siècle pour se révolter contre leurs tyrans et proclamer les droits de l'homme, que la République d'Avignon, entre le xiie et le xiiie siècle, avait duré plus de cent ans, et que ce n'était pas le moment de renier de si glorieuses origines.

Le général, sans revenir de son étonnement, promit d'en référer à l'autorité, et c'est ainsi que les archives d'Avignon nous ont été conservées.

suivant les lois et bonnes coutumes de la ville,
et de ne recevoir des plaideurs aucun cadeau,
excepté ceux de bouche admis par l'usage; les
citoyens d'Avignon seront à tout jamais exempts,
libres et francs de taille et quêtes, et de tout service pécuniaire vis-à-vis des seigneurs Comtes,
qui ne pourront établir aucun nouveau péage où
imposition ; toutes les causes, tant criminelles
que civiles, seront désormais jugées en première
instance dans la ville, et le droit d'appel sera
étroitement limité ; aucune poursuite ne sera
intentée pour injures verbales ou pour voies de
fait, quand il ne s'en est pas suivi fracture d'un
membre ou blessure de quelque importance ;
liberté à chaque citoyen d'Avignon de vendre
ses récoltes à qui il voudra et au prix qu'il pour-
ra ; autorisation de prendre parti pour un ami
en guerre, pourvu que ce ne soit pas contre un
des seigneurs d'Avignon (1); pas de prison préventive pour tout citoyen qui offre caution suffisante, hors les cas d'hérésie, d'homicide, *vel al-
terius enormis criminis;* la question employée
seulement pour accusation de crimes et lorsque
de graves indices dénoncent le prévenu comme
coupable ; les citoyens d'Avignon , au commandement desdits seigneurs ou de leurs vicaires, ne feront cavalcade qu'une fois l'année, pen-

(1) « Licebit omnibus civibus Avenionis cuilibet amico suo
valere de guerra, nisi sit contra dictos Dominos, vel alterum
corumdem. »

dant quarante jours, sur les terres seulement de l'Empire et partout où il plaira auxdits seigneurs comtes, jusqu'à 20 lieues loin de la ville ; les nobles militants, les avocats, les bourgeois honorables, seront exempts, ceux-là seuls devant partir qui n'auront pas d'excuses légitimes ou de remplaçants convenables à présenter ; les membres du conseil de ville seront choisis, par le viguier, moitié dans les nobles, moitié dans les bourgeois ; amnistie sera accordée aux citoyens d'Avignon pour tous dommages, injures ou offenses envers les seigneurs comtes, sauf pour les crimes qui seraient dignes de bannissement.

Telle est, en résumé, la fameuse convention passée, le 7 mai 1251, entre les Avignonnais et les deux frères de saint Louis, Alphonse, comte de Toulouse, et Charles, comte de Provence. Chaque article du traité fut lu par les délégués du peuple et solennellement juré par les délégués des princes.

Est-il nécessaire de signaler dans cette curieuse nomenclature comme un trait de mœurs l'impunité demandée pour l'invective non suivie de blessures graves, et, comme preuve surprenante des progrès de l'esprit du temps, la réduction au plus petit nombre de cas possible, soit de la prison préventive, soit de la question judiciaire, soit du service militaire requis par le Souverain.

Nous sommes loin, on le voit, de la charte des

servitude des Danois. Avignon revint de la république à la monarchie, non seulement pour se mettre à l'abri des factions, mais pour acquérir et maintenir les libertés nécessaires du temps (1).

Il y avait un demi-siècle qu'Avignon vivait sous ce régime de monarchie consentie, lorsque se produisit l'événement le plus mémorable de son histoire. Au printemps de 1309, le pape Clément V vint y fixer sa résidence, non, certes, en conquérant, mais en fugitif qui cherche un asile. Pourquoi se décida-t-il pour la ville provençale plutôt que pour Bordeaux, Poitiers ou Lyon, qui l'avaient déjà reçu et qui l'attendaient toutes portes ouvertes ? Uniquement parce qu'Avignon ne faisait pas partie du royaume de Philippe le Bel.

Rester ou sembler rester indépendant a toujours été la principale préoccupation du Saint-Siège. On sait si Clément V avait à se garder sous ce rapport du côté du roi de France. A peine installé, il donna une preuve peu remarquée, mais qui nous semble hors de conteste, de son grand désir d'échapper à tout prix à cette trop exigeante protection. Un de ses prédécesseurs, Célestin V, mort simple ermite depuis une quinzaine d'années seulement, fut soudainement élevé aux honneurs de la canonisation. Pourquoi tant d'empressement inusité ? Parce que cet humble moine, après quelques mois de pontificat forcé,

(1) Statuts de la cité d'Avignon avec la convention d'icelle (chez Philippe Offray, 1698).

avait abdiqué et s'était sauvé de Rome (1294) pour aller reprendre dans sa cellule sa vie de solitude et de prière. Ce rare exemple d'un pape, déposant volontairement la tiare, avait divisé les théologiens. Notre Sorbonne, notamment, lui contestait ce droit. Quant à Dante, il avait, sans plus de façon, plongé dans l'enfer des lâches le pontife du « grand refus » :

> *Vidi l'ombra di colui*
> *Che fece per viltate il gran rifiuto !*

Telle ne pouvait être l'opinion de Clément V. Poursuivi, comme il l'était, par les obsessions du roi de France, il voyait clairement que, dans certains cas, l'abdication peut devenir la dernière ressource de l'indépendance du pape. En se hâtant de placer sur les autels celui qui venait de descendre de son plein gré du trône pontifical, Clément V disait à Philippe le Bel ce que Pie VII répétait, six siècles après, à Napoléon : « Prenez garde ! Je n'aurais qu'à signer mon acte d'abdication, et vous n'auriez plus sous la main qu'un pauvre moine ! »

D'après les auteurs italiens, ce serait au protégé de Philippe le Bel qu'il serait juste d'imputer cette situation amoindrie et misérable de la papauté, après un si grand rôle et de plus grandes ambitions. Il serait bien étrange que les Romains n'y fussent pas pour quelque chose.

Est-ce la faute de Clément V, si son prédécesseur, Benoît XI, avait dû, dès 1304, transférer le Saint-Siège à Pérouse ? Est-ce la faute de Clément V, si le conclave qui le nomma ne put se réunir ailleurs que dans cette ville, et si les cardinaux mouraient de peur à l'idée d'être ramenés à Rome ? Est-ce la faute de Clément V, si la ville éternelle n'était habitable à ce moment que pour les forcenés qui l'opprimaient ? Est-ce la faute de Clément V, s'ils y régnaient par le meurtre et le pillage ? Est-ce la faute de Clément V, si l'histoire de la féodalité, en Italie, ressemble, à faire peur, à une histoire de brigands, et si les plus rares férocités de la tyrannie païenne repoussent comme de vénéneux champignons sur ce sol privilégié ? Est-ce la faute de Clément V, si les États pontificaux, où il essaya de se retenir, n'étaient plus qu'un repaire, le plus ensanglanté et le plus maudit des repaires ; si Bologne était livrée aux Visconti, Rimini aux Malatesta, Forli aux Ordelaffi, Ravenne aux Polenta, Faenza aux Manfredi, Urbino aux Montefeltro, Foligno aux Trinci, Orvieto aux Vico ? Que d'années et que de flots de sang il fallait encore pour calmer cette impure ébullition du vieux tempérament italien ! En tout cas, que pouvait devenir le pape dans cette cage de fauves ? Au moins, les Gibelins appelaient-ils à leur aide un empereur, l'épée haute, sur un cheval bardé de fer.

Personne n'ignorait, d'ailleurs, que le séjour

d'Avignon n'était que provisoire, que Rome ne
se remplace pas, et que l'Église ne tarderait pas
à recouvrer sa vraie capitale. Pas un des papes
du quatorzième siècle, pas même Clément V,
qui n'ait entretenu des négociations avec la Pé-
ninsule dans la prévision d'un prochain retour.
En veut-on la preuve ? A mesure que l'exil d'A-
vignon se prolongeait, le nombre des cardinaux
italiens allait naturellement en diminuant, et le
conclave voyait des élections de papes français à
peine contestées. Les deux dernières notamment
n'avaient pris guère plus de vingt-quatre heures.
Or, ce sont précisément ces deux papes français,
nommés par des majorités françaises, qui jugèrent
que l'heure avait sonné de revenir à Rome. Les
hautes tours du rocher des Doms, qui semblent
la fière affirmation d'un établissement aussi du-
rable qu'elles-mêmes, ne furent qu'une concession aux exigences d'un puissant voisin.

En tout cas, ce n'est pas à des écrivains français qu'il convient de prendre parti contre les papes
d'Avignon. La Provence n'a eu qu'à se glorifier, la
France qu'à se féliciter de leur présence. C'était
pendant l'horrible période de la guerre anglaise ;
nous voulions nous relever de Crécy et nous
tombions à Poitiers ; nous voulions nous relever
de Poitiers et nous tombions à Azincourt. A ce
moment, où Dieu et les hommes semblaient nous
avoir abandonnés, la papauté se montra pour la
France comme une mère auprès de son enfant

blessé, le relevant, le soutenant, le pansant, demandant la paix, prolongeant les trêves, cherchant des alliés, s'épuisant en négociations jusque sur les champs de bataille. Le seul souvenir de tant de commisération à une telle époque suffirait à justifier notre éternelle reconnaissance. Mais là ne devait pas se borner le vaillant patriotisme des papes d'Avignon. Ce sont eux qui ont mis fin aux déprédations des grandes compagnies, devenues pires que les Anglais, en les envoyant, comblées d'or et de faveurs spirituelles, soit de l'autre côté des Pyrénées, sous le commandement de Duguesclin ; soit de l'autre côté des Alpes, avec le cardinal Albornoz, qui reconquit les États de l'Église sur les tyrans. Ce sont eux, surtout, qui nous ont valu le Dauphiné, en décidant Humbert II, qui s'était retiré dans un monastère après avoir vu périr son fils unique, à donner ses États au roi de France, sous la seule condition que l'héritier du trône porterait désormais le titre de Dauphin (traité de Romans, avril 1349). Quel désastre nouveau pour la France, si Grenoble et la rive gauche du Rhône, jusqu'en Provence, eussent passé, comme on pouvait le craindre, sous la domination du comte de Savoie, par exemple, dont les possessions touchaient alors aux portes de Lyon ? Jean II vint lui-même au palais d'Avignon pour remercier Clément VI d'un tel service. Quant à Humbert II, dernier dauphin du Viennois, il mourut peu d'années après, cardinal et archevêque de Reims.

Les hyperboles de Pétrarque ou de Dante, qui s'imposent à la mémoire des lettrés, ne sauraient s'imposer à l'histoire. C'est du patriotisme exaspéré, de l'esprit de parti à la mode d'Italie, mais rien de plus. Que voulez-vous répondre, par exemple, à Pétrarque, qui prétend, dans ses lettres familières, que depuis le séjour des papes Avignon est devenu « l'opprobre et l'excrément de la terre », *probrum ingens, fœtorque ultimus orbis terræ ?* Tout au plus serait-il permis de rappeler que Dante, dont le burin grave plus profond que la rhétorique de l'auteur des sonnets, avait déjà dit de l'Italie :

Non donna di provincie, ma bordello (1) !

La vérité, qu'il serait bien temps de faire prévaloir, est que les papes d'Avignon tiennent dignement leur place dans la liste des successeurs de saint Pierre. Outre Clément V, dont nous venons de parler, ce furent : Jean XXII (1314-1335), qui rédigea les décrets du concile de Vienne, passa pour le plus fort théologien de son temps, publia, sous le titre : *les Clémentines,* un recueil de décisions de droit canon de son prédécesseur, puis un *corpus juris canonici,* qui est resté classique, fit rentrer l'obéissance dans cer-

(1) *Purgat.,* cant. IV.

tains ordres religieux qui s'étaient donné plusieurs chefs, afin de n'en plus avoir aucun, mit sur les autels saint Thomas d'Aquin, amassa le trésor qui devait servir à construire le palais, gouverna comme un sage pendant vingt-deux ans et mourut à quatre-vingt-dix ans, en s'accusant d'avoir trop aimé la théologie; — puis Benoît XII (1335-1342), fils d'un fournier de Saverdun, en butte aux vitupérations des Italiens, parce qu'il commença la construction du palais dont le côté nord remonte à son règne, prêcha la croisade devant les rois de France, de Navarre, de Bohême, d'Aragon, et une foule de ducs, comtes et barons afin de détourner la guerre qui était sur le point d'éclater entre la France et l'Angleterre, rendit d'admirables décrets pour protéger les excommuniés et les Juifs contre la fureur de la populace; — puis Clément VI (1342-1352), grand seigneur, diplomate, lettré, qui acheva la partie méridionale du palais, acheta de Jeanne, reine de Naples et comtesse de Provence, la pleine propriété d'Avignon (1), décida le dauphin du Viennois à faire donation de ses États au roi de France, et sut avoir plus d'esprit que ses détracteurs, même quand ils s'appelaient Pétrarque ou Rienzi; — puis Innocent VI (1362-1364), qui fit construire les remparts d'Avignon (2), appela de

_____

(1) Voy. pour les détails sur cette vente, *Fantani*, t. II.
(2) La complète construction des remparts dura une tren-

Rome un général et des troupes pour garder la ville, traita avec les grandes compagnies pour les éloigner du pays qu'elles dévastaient, éleva en face du palais la belle Chartreuse de Villeneuve où il venait faire de longues retraites et où il voulut mourir. *Vallis benedictionis*, disait-il de Villeneuve ; *vallis deliciarum*, disaient les cardinaux qui y faisaient bâtir de somptueuses villas ; — puis Urbain V (1362-1370), abbé du grand monastère bénédictin de Saint-Victor, à Marseille, qui avait professé avec éclat à l'université de Montpellier, à laquelle il a laissé sa cathédrale et les bâtiments de sa faculté de médecine, qui essaya de refréner le luxe des cardinaux, princes selon l'Église et non selon le monde, disait-il ; qui partit pour Rome, d'où il revint après un séjour agité de trois ans. Grand partisan de l'instruction qu'il ne jugeait pas bonne seulement pour faire des prêtres, il entretenait à ses frais, lors de sa mort, 1.400 élèves dans les diverses écoles, mourut en odeur de sainteté (1) et fut inhumé d'abord à Notre-Dame des Doms, puis à son ancienne abbaye de Saint-Victor, où sa tombe était devenue un but de pèlerinage ; —

taine d'années. Leur hauteur était de 12 mètres et leur développement de 4880 mètres, plus 7 portes fortifiées. Encore entière sur une grande partie de son parcours, cette élégante enceinte, qui ne tiendrait pas longtemps contre l'artillerie moderne, sert à défendre la ville contre le Rhône.

(1) *Vie du bienheureux Urbain V,* par l'abbé Albanès (Marseille).

puis, enfin, Grégoire XI (1370-1378), qui ramena le Saint-Siège à Rome.

Ce fut un triste jour pour Avignon, que le 13 septembre 1376. Ce jour-là une longue cavalcade, au centre de laquelle on se montrait le pape et les cardinaux, sortait du palais et se dirigeait vers Marseille. Toute la ville à genoux demandait avec des sanglots la dernière bénédiction du Saint-Père. L'émotion n'était pas moins vive chez ceux qui partaient. Un d'entre eux a raconté que, pendant bien longtemps, personne n'osait rompre le silence, mais lorsque la caravane, arrivée de l'autre côté de la Durance, se retourna pour voir une dernière fois les tours et les clochers d'Avignon, les gémissements et les pleurs ne purent plus se contenir. Que d'années de vie heureuse et tranquille on laissait derrière soi, et pour aller vers quels orages ! Les nombreux cardinaux qui avaient accompagné quelques années auparavant Urbain V dans le même voyage ne se gênaient pas pour raconter ce qu'ils avaient vu naguère de Rome et des Italiens. Tout en prenant sa part de l'affliction commune, Grégoire XI laissait dominer sur ses traits encore jeunes, mais amaigris, l'expression courageuse du devoir accompli. On savait que Catherine de Sienne, qu'on appelait déjà la bienheureuse, était venue lui apporter l'ordre d'en haut de rentrer au plus vite à Rome, où tout se préparait pour l'installation d'un nouveau pape suscité par l'Allemagne et l'Angleterre. L'Italie tenait avant tout à ravoir le chef de la chrétienté, et les autres nations ne voulaient pas le laisser plus longtemps sous la main de la France.

Déjà au huitième siècle cette fatale question de la résidence du Père commun des fidèles avait coupé en deux le monde chrétien. Constantinople ne voulut pas reconnaître la suprématie de Rome et le schisme d'Orient prit naissance. Quelques siècles plus tard l'Occident, à son tour, fut en proie à un nouveau schisme, parce que les papes chassés de Rome, avaient trouvé un refuge trop voisin de la France. Et de nos jours, pourquoi l'expédition de Rome par l'armée française en 1849, sinon parce que la révolution avait pris Rome à Pie IX ?

Il importe sans doute au bon ordre de l'Europe que le pape reste à Rome, mais à condition de s'y trouver chez lui et dans sa pleine indépendance. Ce ne serait pas la peine d'avoir tant déblatéré contre la captivité d'Avignon pour nous faire accepter aujourd'hui la captivité du Vatican.

Dans quel état Grégoire XI devait-il trouver sa vraie capitale ? L'histoire, sur ce point, ne laisse rien à deviner. On eût dit une place saccagée tour à tour par l'ennemi et par sa propre garnison. Les monuments anciens ruinés en partie, soit par la violence, soit par la solitude, mauvaise gardienne des édifices; les œuvres d'art, statues, bas-reliefs, colonnes, marbres antiques, brisés ou emportés à Naples, ou l'aristocratie avait ses villas ; la plupart des églises fermées, les prêtres, encore dignes de ce nom, n'ayant plus ni vases sacrés, ni vêtements convenables pour paraître à l'autel ; et la population en guenilles, comme son clergé, réduite, au dire de Gibbon, à 33.000 âmes. Voilà ce qui restait de Rome moins d'un siècle après le départ des Papes.

Il aurait fallu bien du temps pour réparer tant de désastres ; Grégoire XI eut à peine deux ans. Se sentant à la veille de mourir et terrifié, comme l'avait été Urbain V, à l'idée d'un conclave se réunissant à Rome, il avait fixé au mois de septembre 1378 la date de son retour à Avignon. La mort n'attendit pas si longtemps. Bien qu'une bulle prévoyante eût modifié l'ancien règlement, pour rendre plus facile et moins longue l'œuvre des cardinaux, l'Église devait voir un conclave violé par l'émeute, les votants traînés au scrutin, et ce cri dominant le tumulte : *Vogliamo un papa romano o almeno italiano !* Que pouvait-il sortir de cet horrible scandale ? Un pape peut-être, mais à coup sûr un schisme (1). La populace romaine infligea ce jour là au monde chrétien pour un demi-siècle de déchirement et d'anarchie.

(1) Deuxième lettre à M. de Cavour, par M. de Montalembert.

Avignon vit revenir un pape sous le nom de Clément VII ; puis un autre y fut nommé qui s'appela Benoît XIII. Il ne manqua, à l'un pour être un bon pape, à l'autre pour être peut-être un grand pape, que d'avoir été de vrais papes. Des saints les avaient cependant acceptés comme légitimes. Le concile de Constance lui-même, qui, usant d'une rigueur nécessaire, avait dépossédé trois anti-papes, montra par sa longue déférence envers le vieux Benoît XIII que ni sa cause ni sa personne n'étaient à confondre avec celles de ses compétiteurs.

C'en était fait de cette tentative de subordonner le gouvernement de l'Église à la France. La papauté rentrait au Vatican affranchie de tout lien, mais gravement diminuée dans son importance politique. Le fameux droit de disposer des couronnes n'était plus, au retour d'Avignon, qu'une thèse d'école, sans aucune application possible aux faits existants. Au lieu d'avoir la main au gouvernail, on ne se représentait plus le pape qu'à genoux et tenant ses deux bras levés au ciel, comme Moïse pendant le combat contre les Amalécites. Au lieu d'imposer à tous sa politique, Rome semblait n'avoir plus qu'à s'accommoder, tant bien que mal, de la politique des grands États. Si jamais l'Église a prouvé qu'elle est d'institution divine et qu'elle ne peut pas périr de la main des hommes, c'est assurément pendant cette lugubre période, où l'on vit

jusqu'à trois papes à la fois envahissant le sanctuaire, se renvoyant l'anathème, se jetant à la
tête les vases sacrés, s'épuisant en menaces et
en faveurs spirituelles pour décider les gouvernements et les évêques à se ranger sous leur
obédience. L'hérésie qui du premier coup enleva
à Rome la moitié de l'Europe fut la suite inévitable et l'expiation méritée du schisme d'Occident.
Quant aux nations restées catholiques, elles
exigèrent depuis lors des garanties et des con-
cordats.

Mais la révolution est venue, qui, faite contre
toute idée d'autorité, semble cependant tout
préparer pour rendre un grand rôle à la papauté.
Nos démocraties ont bien plus besoin d'elle, en
effet, que les gouvernements d'autrefois ; ce qu'on
appelle les questions sociales ne sont, au fond,
que des questions religieuses mal posées. On ne
parviendra à les résoudre qu'à force d'amour
pour les pauvres et de dévouement poussé jusqu'au miracle pour ceux qui souffrent. Or, qui
est chargé d'enseigner et de représenter sur la
terre la divine charité, si ce n'est l'Église ? Que
Dieu nous accorde encore deux ou trois règnes
comme celui de Léon XIII, et il n'est pas interdit d'espérer que le fantôme du socialisme,
débarrassé de son odieux cortège de forcenés et
de politiciens, sera devenu un enfant heureux et
reconnaissant de Rome chrétienne.

« L'Église, disait Montalembert, dans un des

plus grands cris d'éloquence dont la tribune française ait retenti, c'est plus qu'une femme, c'est une mère ! »

II

Avoir été pendant soixante-sept ans la capitale du monde chrétien et n'être plus qu'un simple chef-lieu de légation, quelle déchéance ! Avignon ne voulut d'abord pas y croire. Il faut reconnaître que, jusqu'à la fin du concile de Constance, son espoir de voir revenir le pape fut servi à souhait par les événements. Mais une fois la paix de l'Église rétablie et un Colonna rentré au Vatican par le vote de tous les cardinaux et de toutes les nations réunies à Constance, il fallut bien se résigner. Avignon resta cependant comme un asile toujours ouvert à la papauté et comme le plus sûr gage, peut-être, de la sagesse des Romains (1). En 1848 encore, son conseil municipal, digne organe de tous les vrais Avignonnais, n'offrait-il pas à Pie IX, chassé de Rome, le vieux palais des papes du moyen âge, mais cette fois sous le drapeau de la France ?

Quoi qu'il arrive, ce qu'on n'enlèvera jamais à la ville de Jean XXII, c'est la gloire d'avoir assuré, pendant près d'un siècle, — et de quel siècle ! — le gouvernement de l'Eglise et la

(1) Discours de l'abbé Maury à la Constituante (4 mai 1791).

sécurité de son chef. On n'aurait pu dire, tant l'union était parfaite, si les Avignonnais s'étaient donnés au pape ou si le pape appartenait aux Avignonnais. Dans cette population accusée, dès le sixième siècle, d'être turbulente et livrée aux rhéteurs, pas une contradiction, pas un soulèvement, pas un tumulte autour des conclaves, pas un élu au trône pontifical qui n'ait été aussitôt acclamé, vénéré, obéi. Aussi peut-on affirmer que le séjour d'Avignon compte parmi les plus tranquilles années que la papauté ait connues au moyen âge.

Mais Avignon et sa banlieue, on le sait, ne formaient pas seuls les États pontificaux des bords du Rhône, qu'on appelait, à Rome, les provinces rhodaniques. Au sortir de la résidence papale, on entrait dans le Comtat Venaissin, comme dans le jardin du nouveau Vatican. *Nostræ recreationis pomerium !* disait Clément VI.

C'était un coin de Provence de 80 lieues carrées, peuplé de 120000 habitants, arrosé par une quinzaine de cours d'eau dont les principaux étaient le Rhône, la Sorgue et la Durance, et qui ne contenait pas moins, au compte de Fantoni, de 88 petites villes, villages ou châteaux fortifiés. Partant du pont de Sorgues, il contournait, à Courthézon, la principauté d'Orange, et s'en allait marquer les limites actuelles du département de la Drôme, de Valréas à Lapalud ; puis, remontant vers le sud-est, il prenait tout l'arrondissement de Carpentras, une partie de celui d'Avignon, jusqu'à la Durance, et quelques communes de l'arrondissement d'Apt, sur le versant nord du Lubéron. Se prêtant à toutes les cultures et produisant plus d'hommes à la lieue carrée qu'aucun des pays qui l'avoisinaient, le Comtat était devenu si riche et si heureux sous les papes, que le rapporteur de la commission à la Constituante, qui demandait son annexion, l'accusait d'être *un privilégié entre les peuples* (1).

Sa capitale était Carpentras, jolie petite ville de 10 000 âmes, coquettement assise sur les dernières pentes du Ventoux, comme une odalisque aux pieds d'un sultan. Carpentras n'entendait pas, d'ailleurs, surtout auprès de ses voisins d'Avignon, être une capitale pour rire (2). Le gouverneur ou recteur nommé directement par le pape, comme plus tard les vice-légats, et ne rendant compte qu'à lui, y tenait sa petite cour. Tout l'outillage d'une administration complète s'y trouvait réuni : conseils municipaux, états généraux, intruction publique, tribunaux de tout degré, autorité judiciaire, suffisante pour le règlement sur place des affaires courantes, rien n'y manquait. N'oublions pas une

(1) Discours de Menou, cité par Félix Digonnet, avocat, dans une brillante conférence sur le gouvernement des papes d'Avignon.

(2) Suivant son plus récent historien, Carpentras ne prit le titre de capitale qu'en 1330. (*Histoire de Carpentras*, par Liabastre.)

trentaine d'estafiers, la pique sur l'épaule, qui représentaient la force armée.

Il y avait un siècle que ce beau pays appartenait aux comtes de Toulouse, lorsqu'il fut tranféré au domaine de l'Église par la paix de 1228, qui mit fin à la croisade contre les albigeois. Croisade, si l'on veut, puisque le sentiment religieux n'y fut pas étranger, mais aussi guerre de deux races, guerre de deux civilisations, guerre du Nord, encore à demi barbare, contre le Midi, déjà riche et en pleine renaissance. Malgré le grand progrès des études historiques en notre temps, on a quelque peine à nous dire en quoi consistait cette hérésie albigeoise qui nous valut une nouvelle invasion de Sarrasins. Sans doute elle eut son côté dogmatique, puisqu'elle tomba, avec les Patarins, les Vaudois, les Catares, les Henriciens, sous l'anathème des conciles de Tours et de Latran. Mais il s'agissait, en réalité, d'un déplorable relâchement moral qui ressemblait, à de certains intervalles et sous certains climats, à la revanche du paganisme mal éteint contre les sévérités de l'enseignement chrétien. Les masses se prêtaient bien plus facilement à ce retour aux corruptions antiques qu'à l'affiirmation raisonnée de doctrines hostiles à celles de l'Eglise. Que d'albigeois encore, et sans qu'ils s'en doutent, dans les contrées dévastées, il y a six siècles, par Simon de Montfort !

En favorisant ce mouvement, tout en jurant à toute réquisition qu'ils étaient loin de vouloir rien entreprendre contre la foi, les comtes de Toulouse s'étaient assuré une immense popularité dans tout le Midi. Dès l'époque de la bataille de Muret, entre le roi d'Aragon et Raymond de Toulouse, un chroniqueur toulousain célébrait l'empressement des gens de Marseille et d'Avignon à venir se ranger derrière leur chef :

Massiliique viri, quosque illi misit Avenio.

En outre, l'opinion publique, si rarement consultée par les victorieux, ne paraissait nullement préparée à voir le Comtat-Venaissin passer sous la domination si lointaine de la cour de Rome. « Il n'est pas juste de dépouiller les fils à cause des fautes du père, » faisait-on dire à Blanche de Castille, qui gouvernait alors le royaume au nom du futur saint Louis, encore enfant. De telles paroles n'auraient eu aucun sens à une époque où la confiscation sévissait partout comme un des premiers principes du droit criminel. Puis il eût été trop facile de montrer à la reine mère, sur la rive droite du Rhône, de grands lambeaux de l'héritage du jeune Raymond, qu'elle venait d'accepter du même traité, sans laisser voir les moindres scrupules.

Une autre raison, toute politique, semble avoir décidé la reine régente. Il était évident pour tous que le Comtat, comme la Provence dont il faisait

partie, était destiné à se réunir à la France ; mais
comment ne pas deviner qu'une fois incorporé
au domaine de l'Église, on ne pourrait, de bien
longtemps, l'ajouter aux États du voisin ? Aussi
la France préférait-elle au gouvernement du pape,
dans cette enclave, celui d'un prince quelconque,
même suspect d'hérésie. Mis en demeure par
une lettre de Blanche de Castille, le pape confia
la question à une commission de cardinaux, tout
en faisant remarquer que cette contrée, naguère
toute acquise à l'erreur albigeoise, allait très
probablement y retomber et qu'ainsi le prix d'une
si rude guerre serait perdu.

Les réclamations de l'empereur Frédéric II,
qui regardait le Comtat comme terre d'empire,
étant venues se joindre à celle de la reine Blanche, Raymond le jeune fut réintégré, en 1236,
dans le domaine utile de son ancien État, le
domaine réel restant à l'Église. Nous ne savons
rien de cette restauration partielle qui dura peu ;
nous voyons seulement que le comte de Toulouse,
mort à Millau en 1345, eut soin de choisir pour
exécuteurs testamentaires deux des trois évêques
comtadins.

Rome comprit alors qu'il ne s'agissait pour elle
que de gagner des nouveaux sujets mécontents et
de ne leur laisser aucun motif avouable de regretter leurs anciens maîtres. De là tant de faveurs
dont fut comblé ce petit peuple. Tout consiste,
mandait en 1275 Grégoire X à Guillaume de

Villaret, un de nos premiers recteurs, qui fut depuis grand-maître de l'ordre des Templiers, à mêler ce qu'il y a de mieux dans nos institutions apostoliques avec qu'il y a de mieux dans les traditions du pays : *ut in prerogativa regiminis apostolici sui status conservationem agnoscat et novæ lœtitiæ privilegio delectetur.*

On garda donc des vieilles coutumes du pays la plus large indépendance municipale, et le pape y joignit, pour sa part, l'exemption à perpétuité de toute contribution et de toute levée d'hommes au profit de l'État. Les divers services publics se payaient sur les revenus des biens de la Chambre apostolique situés dans le pays, c'est-à-dire une centaine de mille livres par an qui, donnés au pape par la charité des fidèles, revenaient au pays par la charité du pape. Non seulement pas un sou de cette somme n'allait à Rome, mais quand elle ne suffisait pas pour solder toutes les dépenses, le pape y subvenait de sa poche. « Loin de tirer de ce peuple des revenus par les impôts, écrivait Expilly, vingt ans avant la révolution, les Souverains Pontifes n'ont, au contraire, épargné ni soins, ni troupes, ni argent pour le secourir (1). »

Il en fut ainsi jusqu'à la fin. Dans le calamiteux hiver de 1789 à 1790, Pie VI envoyait à ses sujets d'outre-Rhône un navire portant 30 000 quin-

____

(1) *Dictionnaire des Gaules,* au mot *Comtat-Venaissin.*

13.

taux de blé. Un des derniers votes des conseils de nos communes fut pour remercier le pape de cette libéralité.

Avec de telles dispositions, innées chez le souverain, la besogne des recteurs devait être singulièrement facilitée. Leur histoire se partage en deux périodes bien distinctes : la première, qui fut courte, avant l'arrivée des papes ; et la seconde, de 1328 à 1790.

Tant que le gouverneur du Comtat fut le seul représentant du pape dans la contrée, son importance ne fit que s'accroître. Il y avait si loin alors de Rome à Carpentras ! Mais quand le pape vint lui-même s'établir à deux heures de chez le recteur, il en dut être tout autrement. L'autorité, du petit roi de Carpentras se trouva fort diminuée, et son prestige disparut. Cet inévitable résultat, trop peu remarqué par les historiens, pourrait bien être la première cause de l'animosité si connue et si tenace entre Carpentras et Avignon. On peut même se demander si la capitale du Comtat accompagna d'autant de regrets qu'Avignon, le retour du Saint-Siège en Italie. Elle ne devait pas cependant en tirer un sensible profit. Le légat ou vice-légat avait seul les pouvoirs du pape, le pli était pris par les populations, et le recteur n'en resta pas moins éclipsé et subordonné. Dès lors, si ce ne fut pas la guerre déclarée entre les deux villes déchues et trop voisines l'une de l'autre pour jamais se pardonner, ce fut une rivalité mesquine, un antagonisme de situation qui ne pouvait ni se satisfaire ni s'oublier. Avignon voulait réduire Carpentras à reconnaître sa propre suprématie et son recteur à n'être plus qu'un sous-préfet du vice-légat. Carpentras, de son côté, affectait d'ignorer absolument Avignon et de traiter par-dessus sa tête directement avec Rome. Consulté à ce sujet, le pape Jules II, qui avait été tour à tour évêque de Carpentras et d'Avignon, répondit par un sage règlement, d'après lequel vice-légat et recteur ; étant l'un et l'autre nommés directement par le pape, devaient rester indépendants l'un de l'autre et jouir d'une pleine autorité, chacun dans la limite de son gouvernement. Le vice-légat n'aurait pas le droit de citer par-devers lui le recteur ; celui-ci, à son tour, ne serait qu'un étranger pour Avignon.

Rien de plus libéral que l'administration de ce petit pays, puisqu'elle appartenait tout entière au pays lui-même. Chaque commune avait son assemblée délibérante, élue tous les ans par l'universalité des citoyens. Cette assemblée élisait à son tour, sous le titre de syndics ou consuls, les membres de la municipalité. Le recteur n'avait guère à intervenir que dans le cas assez fréquent de conflits entre les communes. Comme il n'avait à répartir aucune contribution au profit de l'État, le compte financier était vite réglé. Chaque conseil était autorisé à prélever un léger de droit de mutation pour subvenir à l'humble budget local, et cette taxe insignifiante une fois payée, l'heureux Comtadin était quitte avec le fisc.

L'État Venaissin, c'est-à-dire l'ensemble des communes, jouissait aussi de son conseil électif. Il s'appelait, comme en France, les états généraux, et se composait des représentants des trois ordres. Seulement, la plupart des grosses difficultés de 1789 se trouvaient résolues ici depuis des siècles, par le bon sens de nos aïeux. C'est ainsi que clergé, noblesse et tiers état délibéraient et votaient ensemble, après avoir été élus séparément. Quant au doublement du tiers, la mesure était depuis longtemps dépassée, puisque les communes avaient 75 députés contre 14 de la noblesse et du clergé réunis. Outre les trois évêques de Carpentras, Vaison et Cavaillon, qui étaient de purs Comtadins, quelques évêques voisins, tels que ceux d'Avignon, Apt, Orange et Saint-Paul-Trois-Châteaux, qui avaient dans le Comtat des paroisses de leurs diocèses, faisaient de droit partie de nos états généraux.

Comme les conseils généraux d'aujourd'hui, ils se réunissaient tous les ans, mais leur rôle politique ne se bornait pas à des vœux. On a gardé le souvenir d'une session qui eut lieu au commencement du quinzième siècle, pendant les pires années du grand schisme d'Occident. Les trois ordres suppliaient l'antipape Benoît XIII de mettre fin au plus vite à la désolation de l'Église, soit en s'entendant avec ses compétiteurs, soit en se retirant. Il leur fut répondu que le pontife, alors à Savone, ne s'était rendu en Italie que dans ce dessein ; mais qu'il comptait qu'au lieu d'inutiles conseils, ses fidèles sujets du Comtat lui enverraient quelques subsides. Peu de jours après, par une délibération en règle, le Comtat-Venaissin déclarait se soustraire à l'obédience du pape d'Avignon.

Un siècle et demi plus tard, une autre guerre de religion changeait en monarchie absolue cette petite république constitutionnelle, qui était née et qui avait fleuri si longtemps sous le regard de l'Église. Dès 1560, un avis du recteur prévenait chaque commune d'avoir à se mettre en garde contre « les méchantes volontés des huguenots » qui se préparaient à porter la guerre dans le pays. Très méchantes, en effet, car toutes les passions calvinistes entraient en ébullition à l'idée de venir attaquer le pape chez lui, et de livrer au pillage les églises et le palais d'Avignon. Mais de ce côté, on paraissait décidé à ne pas, subir le sort de Rome, mise à sac, quelques années avant, par les reîtres de Charles-Quint. Bien que maîtres d'Orange et du château de Sorgue, les huguenots ne purent jamais parvenir, non pas à s'emparer d'Avignon, mais seulement à l'assiéger.

Grâce à la vigilance de l'archevêque Grimaldi et du général Serbelloni, accouru d'Italie, cette ville avait été mise sur un pied formidable de défense. Quarante-six canons de gros calibre braqués sur les remparts, une armée aguerrie et plus d'une fois victorieuse, une population résolue à s'ensevelir sous les ruines de son palais, voilà ce qui conseillait la prudence aux agresseurs. Entre outre, deux larges bateaux chargés de troupes ne cessaient, ni jour ni nuit, de remonter et de descendre les deux bras du Rhône qui séparent Avignon de Villeneuve.

Irrités de ne pouvoir atteindre le but principal de la campagne, les soldats du baron des Adrets se vengèrent sur le Comtat. Le plat pays fut dévasté, et beaucoup de petites villes prises d'assaut. Il est vrai que la plupart d'entre elles ne possédaient comme artillerie que les *boîtes* qui servaient à saluer le passage des processions. Les communes ne s'en étaient pas moins endettées pour enrôler des mercenaires ; pauvres soldats qui se battaient mal quand on les payait et plus du tout quand on leur faisait attendre la solde.

Dans la dernière réunion des anciens états, qui eut lieu en 1594, il ne fut question que de régler les comptes de la guerre civile. Encore était-ce bien fini ? Ne devait-on pas craindre que cette paix ne fût, comme tant d'autres, de courte durée ? En tout cas, les populations étaient affolées de terreur. Entre les souvenirs d'hier et les craintes du lendemain, elles ne savaient où retrouver un peu d'ordre et de sécurité. Contre la force qui

nenace, on a recours naturellement à la force
qui protège, c'est-à-dire au gouvernement, pour
peu qu'il soit ou qu'on le croie solide. Un courant
irrésistible emportait donc comme insuffisantes
les garanties d'autrefois et en amoncelait les
débris aux pieds du pouvoir absolu, comme aux
pieds d'une digue insubmersible.

Aux états généraux, tels qu'ils avaient été
composés jusque-là, en succédèrent d'autres, où
ne se trouvaient plus que les trois évêques comtadins, un seul élu de la noblesse et les consuls
de vingt-six communes, en y comprenant les deux
premiers consuls de Carpentras. Bientôt cette
réduction de l'ancien ordre de choses fut réduite
elle-même, et il fallut se contenter enfin du seul
évêque de Carpentras, du seul élu des feudataires, et des deux consuls de Carpentras.

Ce conseil, qui assistait le recteur dans certains
de ses actes, n'était peut-être pas aussi facile à
manier qu'à convoquer. L'évêque de Carpentras,
pour sa part, ne se résignait pas volontiers à
n'être plus que l'auxiliaire d'un fonctionnaire
étranger qui était venu le déposséder du gouvernement de la ville. Son influence, qui était restée
considérable, s'exerçait rarement en faveur du
recteur. Quant aux quelques feudataires, ils
étaient loin de se prêter de bonne grâce à venir,
chaque année, renouveler, dans les mains du
recteur, leur serment de foi et hommage au
Souverain Pontife. Rome ne leur était pas favo-

rable : ils avaient eu plus d'une occasion de l'apprendre à leurs dépens, et ne se croyaient pas tenus à rendre la tâche plus facile à son représentant.

Restaient donc pour aider le recteur, les deux premiers consuls de Carpentras. Précisément, c'était un des plus importants devoirs de sa charge de présider, chaque 1er mai, la séance du conseil de ville qui avait à nommer les trois membres de la municipalité. Disons ici, que, par une exception due à sa renommée de ville juridique, Carpentras n'était pas tenu de choisir son premier consul dans l'ordre de la noblesse. Noble ou bourgeois, il devait, avant tout, être homme de loi.

Il paraît bien que l'élection fut de tout temps ce que nous la voyons de nos jours, et qu'on s'était plaint avant nous des candidatures officielles. Voici, en effet, les vers qui coururent Carpentras après un scrutin qui avait donné à la ville trois magistrats plus désirés par le recteur que par la population :

> Caligula, grand empereur,
> Fit son cheval consul de Rome,
> Monsieur Vibo, notre recteur,
> A fait bien plus que ce grand homme,
> Car il a fait, dans un seul choix.
> Trois ânes consuls à la fois.

Si l'importance politique du recteur tenait principalement à ses attributions administratives, son importance réelle était surtout judiciaire. La petite capitale du Comtat était un centre de judicature des plus complets, et le pays lui-même avait été doté d'un ensemble de tribunaux très suffisamment protecteurs de l'ordre public et des intérêts. Outre un juge de simple police dans chaque commune, qui était d'habitude un membre de la municipalité, il y avait dans la province trois juges majeurs qui connaissaient, en première instance, de toutes les causes. L'un à Valréas, pour le nord ; l'autre à Carpentras, pour le centre ; le troisième à Lisle, pour le sud. Ces trois magistrats, toujours choisis parmi les docteurs, étaient à la nomination du recteur. L'honneur de cette fonction était tellement recherché que le juge mage, comme on l'appelait, quoique chargé d'une besogne trois ou quatre fois plus lourde que celle de nos juges de paix, ne recevait que 5 ou 6 écus de 6 livres par an.

A Carpentras siégeaient à la fois : la cour apostolique, devant laquelle devaient être portées les affaires concernant les biens d'Église situés dans la contrée ; puis la chambre des appellations, et au-dessus d'elle, le tribunal suprême du recteur, tenu le plus souvent par un jurisconsulte renommé du barreau, sous le titre de vice-recteur. C'est ainsi que les recteurs avaient répondu au grief principal des populations du Comtat, qui se plaignaient d'être obligées d'aller chercher à Aix, sous les comtes de Provence, le dernier mot de tous leurs procès. Sauf quelques gros litiges, les plaideurs n'avaient pas besoin d'aller plus loin qu'Avignon.

Il est curieux de remarquer que la plupart des précautions prises au moyen âge pour assurer au peuple une bonne justice étaient le contraire de celles que nous prenons nous-mêmes. Ainsi nous invoquons, comme premier principe, l'inamovibilité des magistrats, tandis que beaucoup des magistrats d'alors étaient nommés ou même élus pour une année seulement. Nous exigeons la présence de trois juges au moins, *tres faciunt capitulum*, pour tout tribunal autre que celui du juge de paix, tandis qu'un seul juge suffisait le plus souvent autrefois. On prétend bien qu'il en est à peu près de même aujourd'hui, et que le président et ses deux assesseurs ne sont trop souvent que trois têtes dans le même bonnet. En tout cas, trois juges valent mieux qu'un seul, ne serait-ce que pour rassurer les plus méfiants contre tout soupçon de vénalité ou d'intimidation.

Cette population, riche (1) et vive d'esprit, se

(1) Dans un livre tout rempli d'humour et de curieuses recherches, M. Loubet, ancien président du tribunal de Carpentras, vient de rappeler que le Comtadin tirait de gros revenus de cinq cultures, dont trois ont disparu et deux ont beaucoup diminué d'importance. C'étaient le tabac, la garance, le safran, l'olivier et le mûrier. (*Carpentras et le Comtat-Venaissin avant et après l'annexion*, chez Tourrette, 1891.)

passait volontiers le luxe de l'instruction secondaire. Rien n'était plus facile, d'ailleurs, que de douner satisfaction à ce noble goût. Outre les grands établissements d'Avignon, Carpentras recevait au moins cent élèves par an dans son collège de plein exercice : Bollène, Cavaillon et Valréas en avaient chacun une cinquantaine dans leurs collèges de latinité, où, comme nous le verrons bientôt dans nos lycées, le grec n'était pas enseigné. Si l'on veut bien mettre en ligne de compte que beaucoup de prêtres avaient l'habitude de prendre chez eux trois ou quatre enfants de chœur qu'ils préparaient au sacerdoce, on conviendra que tout cela faisait, pour le Comtat, un chiffre d'écoliers bien supérieur à celui d'aujourd'hui. On se rappelle tout le tapage qui se fit, il y a quelques années, à propos d'un rapport où M. Villemain avait officiellement constaté le même résultat pour la France entière.

On trouvait alors, dans la plupart des petites villes, un groupe de bons bourgeois ayant fait leurs classes et s'en souvenant; assez à leur aise pour ne cultiver que leur jardin; vieux garçons pour la plupart, recherchés et consultés par tout le monde, ayant leurs chaises à la paroisse, leur banc à la promenade, leurs fauteuils au conseil de ville; pas dévots quoique fermes chrétiens, et nullement aristocrates quoique dévoués à l'ordre établi; se repassant, des uns aux autres, quelques vieux volumes du bon temps; aimant à citer de loin en loin quelques vers-proverbes de la Fontaine ou de Boileau et même, au besoin, quelques tirades de *Mahomet* ou de *Zaïre*. Rien ne se faisait sans leur avis ou sans leur critique à la maison de ville. J'ai vu disparaître cette élite de braves gens : quelques familles ont été chercher à la grande ville les ressources nouvelles de l'industrie ; d'autres, en plus grand nombre, sont retombées, par nécessité de vivre, au rang des artisans ou des simples paysans. J'avoue que je regrette ces importants d'autrefois, et que les importants du suffrage universel qui ne savent pas lire, ou qui n'ont jamais lu que les plus ineptes des journaux, ne m'en dédommagent pas.

On a voulu rendre le régime des papes responsable de la prétendue aversion dont les populations méridionales seraient animées contre le métier des armes. On se trompe ; c'est la conscription qui a été mal vue tout d'abord et qui fit au début tant de réfractaires. Il faut savoir excuser quelque mécontentement chez un peuple qui a dû passer sans transition de l'exemption absolue du service militaire aux appels réitérés et à l'effroyable consommation d'hommes du régime impérial.

A la veille de la réunion à la France, Avignon et le Comtat-Venaissin ne comptaient pas moins de deux cents officiers dans l'armée française. Il y avait en outre plus de cent chevaliers de

Saint-Louis disséminés dans le pays, c'est-à-dire cent officiers ayant fait leurs vingt-cinq ans et jouissant pour la plupart d'une pension de 30 louis sur la cassette du roi. Depuis François Ier, qui avait accordé aux Comtadins, les droits de regnicoles, la noblesse du pape était admise, au même titre que celle du royaume, dans l'armée française. Et ce n'étaient pas les gentilshommes seulement, c'étaient toutes les classes de la so ciété qui se faisaient gloire d'aller se ranger sous le drapeau fleurdelisé. Les recruteurs savaient le chemin de nos moindres villages, où ils enrôlaient à prix débattus de nombreux soldats. Il y eut même une longue querelle entre le vice-légat et le recteur, pour savoir auquel des deux appartenait le droit, à coup sûr régalien, d'autoriser les sujets du Saint-Père à s'engager dans une armée étrangère. Mais était-elle vraiment étrangère ?

C'est ainsi que, bien longtemps avant d'être réunis en un seul peuple, Comtadins et Français étaient camarades de garnison et de champ de bataille, c'est-à-dire frères au titre le plus cher et le meilleur.

Si populaire qu'il sût se rendre ordinairement, le recteur ne faisait jamais un long séjour à Carpentras. Ce n'était pas l'habitude de la cour de Rome de laisser ses fonctionnaires, surtout les plus éloignés, longtemps à leur poste. Il y a même une bulle de Pie IV (10 juillet 1561), qui

fixe à trois ans la durée du rectorat. En moyenne
cette durée ne s'élève pas au-dessus de quatre
ans. Ses appointements ne dépassaient pas 8 000
livres. Pour tenir une petite cour, même à Carpentras, c'était peu. Nous avons vu que son
voisin le gouvernenr d'Orange prélevait chaque
année 50 000 livres sur le maigre budget de
la principauté. Quant au vice-légat, il ne touchait
de l'État que 20 000 livres, mais les redevances
ecclésiastiques que lui payaient, comme tenant
la place du pape, les églises et les couvents du
littoral jusqu'à Nice, faisaient plus que doubler
cette somme. Malgré tant de preuves trop visi-
bles de leur infériorité, les recteurs surent maintenir avec une inflexible fermeté l'autonomie de
leur petit État contre les prétentions envahissan-
tes de la cour d'Avignon. On jugera des rapports
usités entre les deux villes par ce passage de
l'une des nombreuses protestations adressées au
pape au nom du Comtat-Venaissin : *Si dicta
privilegia servarentur, cessarent injustitiæ,
indebitæ vexationes, illicitæ compositiones, ma-
chinationes et tractationes inauditæ!*

Rome aimait, d'ailleurs, à se prononcer en
faveur de ce petit dignitaire pontifical, plus ancien d'un siècle que le vice-légat d'Avignon, et
qui avait su si habilement rattacher à l'Église
un pays tout gagné à l'hérésie par ses anciens
maîtres. La besogne, on le devine, n'était pas
de celles qui s'expédient en un jour. Ce ne fut,

dit Charles Cottier, pas avant Boniface VIII que satisfaction complète étant donnée, le pays fut entièrement réduit sous l'obéissance de l'Église romaine (1). *Generatio rectorum benedicetur*, disait-on autour du pape.

Bénie en effet, cette longue lignée de gouverneurs éclairés et modestes auxquels nos pères ont dû cinq siècles de paix, de libertés locales et de prospérité ! S'ils n'étaient pas toujours pris parmi les futurs cardinaux, on avait toujours soin de les choisir parmi les plus instruits et les plus méritants de la prélature. Sur cent quinze recteurs qui ont passé dans la capitale du Comtat, on en compte quarante qui étaient évêques. Comme pour mieux se distinguer de leurs voisins les gouverneurs d'Orange, pas un seul ne fut infidèle au souverain qui l'avait nommé. Le dernier recteur fut Mgr Christophe Pierrachi (de Pise), qui avait été internonce à la cour de Versailles (2). Il retourna en Italie au mois de décembre 1790, en même temps que Mgr Casoni, le dernier vice-légat, et sans plus songer que lui à résister ou à revenir.

III

Pendant que les recteurs se succédaient sans

(1) *Eclaircissements historiques*, par Charles Cottier.

(2) Nous retrouvons Mgr Pierrachi à Paris, en 1796, comme envoyé par la cour de Rome pour négocier avec le Directoire un premier projet de concordat qui ne put pas aboutir.

bruit à Carpentras, les vice-légats se succédaient non moins paisiblement à Avignon. On comprend qu'il serait fastidieux autant que peu facile de passer en revue les actes de chacun d'eux. Autant vaudrait entreprendre d'écrire l'histoire des innombrables préfets envoyés de Paris depuis cent ans.

Ce n'est pas cependant d'avoir trop fait ou trop voulu faire qu'il serait juste d'accuser les vice-légats. Comme ils vinrent tous, ainsi que les recteurs, d'au-delà des Alpes, ils en apportaient les traits principaux de leur race et le pli pris de leur éducation. Or, il semble démontré qu'il a, de tout temps, régné là-bas une certaine disposition nonchalante à croire qu'on agit toujours trop et trop vite. « Le monde va de soi, *il mundo va da se !* est un dicton bien plus italien que le fameux : *Italia fara da se* du roi Charles-Albert. Ajoutez que les conditions dans lesquelles ces fonctions étaient données et remplies n'étaient pas faites pour contrarier cette tendance nationale au *dolce far niente*. Le poste d'Avignon était un « poste cardinalice », c'est-à-dire qu'on n'y arrivait guère sans avoir passé par plusieurs autres et qu'on n'en sortait le plus souvent que pour devenir cardinal. Dès lors, le plus sage pour un vice-légat n'était-ce pas d'attendre trois ou quatre ans, au palais des papes, le brillant couronnement de sa carrière, sans rien entreprendre qui fût capable de le compromettre ? Aussi, sauf quelques règlements de police générale, tels que la surveillance et l'expulsion des étrangers toujours si nombreux et si mal famés dans l'enclave pontificale, les droits d'entrée et de sortie sur les denrées ou produit manufacturés, et autres semblables, les traces de leur passage ne sont pas très multipliées.

Il y eut pourtant deux points principaux dont ils surent s'occuper, à leur grand honneur et au grand profit du pays : je veux parler de la justice et de l'enseignement.

Parmi le trop grand nombre de tribunaux ordinaires ou d'exception qui siégeaient dans la capitale des États pontificaux, il y en avait un très populaire, le tribunal de Saint-Pierre, et un autre très renommé pour sa science, le tribunal de la Rote. A Saint-Pierre, l'antique *Curia civium* des statuts prononçait en première instance sur toutes les causes entre citoyens d'Avignon, et sans appel pour celles qui ne dépassaient pas 50 sous tournois. Disons à sa louange que depuis le milieu du seizième siècle, et sur la demande du conseil de ville, on n'y plaidait qu'en français.

La Rote, composée de six auditeurs, dont trois devaient être laïques, et présidée par l'auditeur général, connaissait en appel de toutes les causes tant civiles que criminelles, tant spirituelles que profanes. Créée par Jean XXII, et partie pour Rome avec le pape, les vice-légats avaient voulu

14

avec raison en garder une image auprès d'eux.

Mentionnons en même temps le tribunal du vice-légat, où ce prélat venait siéger, deux fois par semaine, en grand apparat, comme chef suprême de la justice, dans les deux provinces d'Avignon et du Comtat. Il jugeait, soit avec appel, soit sans appel, au choix des parties, tous les différends entre gens du pays, toutes les poursuites intentées contre l'un d'eux. Comme seul muni des pouvoirs du pape, l'appel des sentences rendues contre les ecclésiastiques par l'officialité de chaque diocèse ne pouvait être porté que devant lui.

Mais il y avait une autre juridiction dont le nom seul fait oublier toutes les autres, bien que, par bonheur, elle fût la moins occupée. Ce nom, le cri du vulgaire saurait bien me le rappeler si j'étais capable de le passer sous silence. Étant donné le droit public, enseigné au moyen âge par tous les docteurs et pratiqué par tous les hommes d'État, la ville des papes ne pouvait pas échapper à l'Inquisition, institution atroce, mais de bonne foi, comme plus d'une autre du même temps. On sait qu'elle avait pour but de rechercher et de châtier les erreurs de conscience à l'égal des faits criminels ordinaires, et qu'elle assimilait sans pitié les attaques contre la foi aux attaques contre l'État. Cette juridiction, qui avait la prétention de représenter la justice de Dieu, en ne tenant nul compte de sa miséricorde, se suffisait à elle-même et ne se laissait jamais confondre avec aucune autre. Les appels d'Avignon allaient directement au saint-office de Rome.

Il faut bénir Dieu et les papes de ce qu'aux bords du Rhône, comme aux bords du Tibre, ce barbare et redoutable tribunal se soit contenté de se montrer redoutable. Ces autodafés à l'espagnole, qui ont fait si longtemps, de l'autre côté des Pyrénées, l'enseignement religieux du peuple et l'édification de la cour, n'auraient pas réussi dans ce milieu d'Avignon, de tout temps si ouvert aux sentiments de justice et d'humanité.

Il n'y en eut pas moins jusqu'en 1790 un inquisiteur général, installé au couvent des Dominicains, et qui jugea prudent de se sauver d'Avignon, comme le vice-légat, dès la première journée révolutionnaire. Bien qu'il fût, de sa personne, aussi inoffensif que son titre passait pour terrible et qu'il eût même été chansonné pour son extrême placidité, je ne voudrais pas répondre que sa fuite n'ait épargné un crime de plus aux brigands de Jourdan Coupe-têtes, tant ce nom seul, comme celui de la Bastille, à Paris, soulevait d'aveugles colères.

Cette odieuse légende de l'Inquisition soufflait encore en tempête au temps de ma jeunesse. C'était, pour la masse des lecteurs de journaux, tout ce qu'ils savaient et tout ce qu'ils voulaient savoir de l'ancien régime. Il n'aurait pas fallu nier que la chrétienté tout entière n'ait été jusqu'en 1789 qu'une grande Espagne dépeuplée par les bûchers. Combien de notables d'Avignon croyaient que le palais des papes, orgueil de leur ville, n'avait été construit que pour dissimuler, sous la sombre masse de ses tours, ses cachots pleins de victimes. Je me souviens d'un brave concierge des casernes qui ne manquait jamais de conduire les visiteurs dans une salle basse, qu'il affirmait avoir été la salle de torture du sanglant tribunal. Il y montrait de longues tables de pierre, qui n'avaient pu servir qu'à étendre les patients livrés, tout garrottés, à la rage des bourreaux ; puis une haute cheminée, où ils étaient suspendus comme des crémaillères vivantes ; puis, enfin, des fours de toutes dimensions, qui s'ouvraient dans les murs profonds où l'horrible drame allait se consommer, sans qu'un seul cri ait pu être entendu au dehors.

Or il a été acquis et démontré que cette salle maudite faisait tout bêtement partie des cuisines du palais, section de la pâtisserie.

Terminons, pour faire contraste, par rappeler la charitable institution de l'avocat des pauvres, toute papale celle-là, comme le Mont-de-piété, qu'Avignon connaissait bien des années avant Paris. Donner aux nécessiteux la justice pour rien, créer pour eux un moyen de crédit en rapport avec leurs ressources, je ne vois au moyen âge qu'un gouvernement, qui pût se préoccuper de soins à la fois si étranges et si nouveaux, c'était l'Eglise.

Il y avait donc dans les États du pape, cinq à six siècles avant notre loi sur l'assistance judiciaire, un avocat des pauvres, « regardé par les juges comme investi d'une magistrature véritable, qui devait suivre, y compris l'instruction, toute l'affaire de son client, surveiller l'exécution des formes, donner des conseils à l'accusé et présenter sa défense lors du jugement (1). »

Aussi, M. Charpenne, ancien président du conseil de préfecture de Vaucluse, termine-t-il en ces termes une étude approfondie sur la justice au temps des papes : « Malgré cette lacune regrettable, — non-publicité de l'audience, — la justice criminelle dans Avignon, sous le gouvernement papal, surtout à cause de l'institution vraiment chrétienne de l'avocat des pauvres, entourait l'innocence de l'accusé d'une plus grande protection que celle de France, et il ne manque pas de jurisconsultes qui prétendent qu'elle lui était de beaucoup supérieure (2). »

Un de nos papes d'Avignon, Urbain V, qui avait occupé avec éclat une chaire d'éloquence sacrée à l'université de Montpellier, avait promis d'entretenir à ses frais, jusqu'à la fin de sa vie, au

(1) *Carpentras autrefois et aujourd'hui*, par M. Loubet, ancien président du tribunal de Carpentras.

(2) *Histoire des réunions temporaires d'Avignon et du Comtat-Venaissin à la France*, par P. Charpenne (t. II, p. 169. Paris, chez Calmann Lévy).

14.

moins un millier d'écoliers. Comme quelqu'un observait devant lui que tous ceux qui profitaient de sa libéralité n'entraient pas dans les ordres : « Je le sais, répondit-il, mais il leur restera toujours le profit d'avoir travaillé et de savoir. Ils vivront mieux et seront meilleurs. »

Cette généreuse doctrine semble avoir été de tout temps en honneur dans Avignon. Dès le sixième siècle, on faisait un tel bruit des vives allures de sa population et de la faconde redoutable de ses rhéteurs, que, par crainte du contraste avec sa propre simplicité, un évêque promu à ce siège refusa de venir l'occuper (1). A l'exemple de Vienne, d'Arles et surtout de Marseille, qui s'intitulait modestement « sœur de Rome, rivale d'Athènes et nourrice des hautes études », Avignon eut une école de jurisprudence qui attirait la jeunesse de la contrée et qui devait être érigée en université par Boniface VIII, en 1303 (2).

Le succès du nouvel établissement était assuré, et ce n'est pas l'arrivée des papes, peu d'années après, qui risquait de le compromettre. Toutes les communautés religieuses d'hommes, bien plus nombreuses à cette époque que les couvents de femmes, voulurent placer leurs noviciats à la source même de l'enseignement théo-

(1) « *Ne permitteret*, dit Grégoire de Tours, *simplicitatem illius inter senatores sophisticos et judices philosophos fatigari.* »

(2) Guizot (*Cours d'histoire de la civilisation*, t. I).

logique. Huit collèges, fondés autour de l'*alma
parens* par de riches prélats, recevaient gra-
tuitement les étudiants pauvres. Le plus grand
nombre s'entassait dans les maisons du quartier.
Il y en eut tant, que la municipalité, qui avait
d'abord exempté les étudiants de toute taxe communale, se hâta de revenir sur une libéralité
devenue onéreuse.

En même temps, comme une telle invasion de
jeunes têtes n'était pas sans donner quelque
besogne de plus à la police, il fallut mettre à la
tête de l'université un chef, avec pleins pouvoirs
sur les écoliers et sur les maîtres. Ce fut le primicier élu chaque année par et parmi les professeurs et les docteurs en droit d'Avignon. A
cause de ses hautes fonctions universitaires, le
primicier était un personnage considérable dans
la cité. Aux processions et fêtes publiques, il
marchait en tête, à la droite du vice-légat. Au
conseil de ville, il avait son siège en dehors de
ceux des conseillers et devait être consulté le
premier en toute affaire de quelque importance.
Enfin, celui qui avait été deux fois nommé primicier avait droit pour lui et ses descendants à
la noblesse transmissible. Idée particulière au
gouvernement des papes d'attribuer au seul mérite du travail et du savoir les distinctions sociales réservées ailleurs à la valeur militaire. La
même faveur était accordée par l'usage à toute
famille qui avait obtenu de père en fils deux di-

plômes de docteur. En outre, jusqu'à l'époque des guerres de religion, il y eut dispense de toute taxe municipale pour les docteurs. Ce n'était pas peu de chose, les almanachs d'Avignon du dernier siècle portent encore les noms et domiciles de plus de cent docteurs en droit.

Le quinzième siècle, qui fut le second de son existence, paraît avoir été le plus brillant de l'université d'Avignon. Genève, Lyon, Vienne, Bordeaux, Angoulême, Urgel, Barcelone, après Avignon et le Comtat, fournissaient le plus grand nombre de ses élèves. Quelques-uns des professeurs comptaient parmi les plus célèbres du temps. Malheureusement la décadence devait suivre de près tant de prospérité. Des bruits scandaleux sur la façon dont s'obtenaient les diplômes furent propagés par les universités voisines. Celles d'Aix, d'Orange, de Valence, qui s'étaient vues longtemps éclipsées, affectaient de traiter d'*italienne* l'université d'Avignon. On racontait, par exemple, que plus d'un archevêque, s'autorisant de ce qu'il était chancelier-né de l'université et qu'un de ses prédécesseurs en avait rédigé les règlements, s'était cru permis de délivrer des diplômes après ou sans examen et même contre, paiement (1). On jugera de l'effet produit par de telles révélations, en lisant la lettre patente des-

(1) Manuscrit sur l'histoire d'Avignon, de 1477 à 1740, par Laurent Drapier, docteur en droit, citoyen d'Avignon (fonds Requiem).

tinée à les démentir. « Voulons que les docteurs gradués en cette université soient admis dans toutes les cours, villes et universités du royaume de France, et qu'ils jouissent d'une façon générale de tous les privilèges, honneurs et prérogatives attribués aux gradués des plus célèbres universités du royaume, *sans qu'ils soient obligés de subir d'autres examens que ceux passés antérieurement devant l'université d'Avignon.* »

Malheureusement, cet acte de réhabilitation, qui fut expédié d'Avignon pendant le séjour de Louis XIV, en 1660, n'était que l'œuvre toute personnelle de Mazarin, qui se rappelait avec plaisir avoir porté naguère le titre de vice-légat d'Avignon (1634-1636). Le roi, arrivé à l'âge d'agir par lui-même et peu disposé d'ailleurs en faveur d'une enclave soustraite à ses États, refusa obstinément d'en tenir compte. Dès lors l'université « italienne », réduite presque à sa clientèle locale, n'avait qu'à disparaître peu à peu. Bien que la faculté de médecine se fût fait accepter à la longue comme l'égale de la faculté de droit, le nombre des diplômes allait diminuant chaque année (1).

---

(1) Il ne faudrait pas croire cependant que l'université d'Avignon fût la seule obligée de se défendre contre de pareilles accusations. A mesure que les communications devenaient plus faciles, les élèves devenaient plus rares et la tentation plus pressante d'user pour vivre d'expédients peu compatibles avec l'honneur de l'enseignement. Il y avait trop d'universités dans la France d'autrefois. Autour d'Avignon, par exemple, on trouvait

Mais telle était la soif d'apprendre, tour à tour excitée et satisfaite par le gouvernement, qu'à peine l'enseignement supérieur fut-il ralenti dans sa marche, l'enseignement secondaire passa devant. Dans la même année, 1660, le P. Possevin, jésuite, largement aidé par la municipalité, ouvrait un internat pour l'instruction classique dans le local même où se trouve encore le lycée. On ne peut se figurer aujourd'hui le succès de ces établissements alors nouveaux, moitié cloître et moitié caserne, 400 élèves d'abord, puis 800, puis 1.500, puis 2.000, répondirent en peu d'années à l'appel des nouveaux maîtres. En même

Aix, Montpellier, Orange, Valence et Grenoble. Comment tirer d'une région si étroitement limitée, un personnel d'écoliers suffisant pour six universités ? Aussi, sous prétexte qu'on ne ferait tort à personne, la délivrance des grades était-elle en plus d'un endroit, tombée à l'état de simple trafic. On citait entre autres Angers où les professeurs donnaient ou plutôt vendaient aux étudiants, à raison de 12 livres chacune, les questions qu'ils devaient leur poser. A Orléans, on avait imaginé des séances de nuit dont le ridicule, mais aussi le profit étaient pour les maîtres. Charles Perraud raconte dans ses mémoires qu'étant arrivé dans cette ville en juillet 1654, à 10 heures du soir, avec deux de ses amis, ils vinrent frapper à la porte de l'université en demandant à passer tout de suite leurs examens. Le concierge, nullement étonné, s'enquit seulement de savoir si « les chandelles seraient bien payées » et courut prévenir trois professeurs dans le voisinage. Ceux-ci, tirés de leur premier sommeil, ne prirent que le temps d'endosser la robe doctorale sur leur chemise et de poser le bonnet carré sur le bonnet de nuit. Les trois examens furent passés *in formis et pro forma*, les chandelles furent généreusement payées, et les trois étudiants, reçus avocats, purent repartir pour Paris, par le coche du lendemain matin. (*Histoire de l'université de Provence*, t. I, par F. Belin.)

temps le séminaire Saint-Charles était rempli d'étudiants ecclésiastiques. Quand on se rappelle toutes les sources d'instruction ouvertes dans le Comtat et aux environs, on est forcé de conclure que le nombre des jeunes gens livrés aux études classiques était bien plus considérable autrefois que de nos jours. Voilà qui est à peine croyable sous un régime ennemi né de la science, comme on l'a tant répété du régime pontifical !

Restait l'enseignement primaire, qui est notre grand favori du moment et que nous avons l'air d'avoir inventé. Il m'a toujours paru, pour ma part, qu'en décrétant pour tout chrétien l'obligation de la première communion, l'Église avait fait, probablement sans le vouloir, la plus efficace des lois scolaires. Il ne suffit pas, en effet, d'avoir atteint l'âge de onze à douze ans et de se présenter en costume acceptable pour être admis au nombre des communiants. Il faut d'abord avoir subi devant le premier pasteur de la paroisse un examen sommaire et paternel sur les principales vérités de la religion. Or cet examen, tout élémentaire qu'il soit, nécessite une certaine préparation, ne serait-ce que d'apprendre par cœur quelques chapitres du catéchisme. Eh bien ! mais voilà le travail, voilà un premier développement d'esprit, voilà le plus souvent la lecture ! Et veuillez remarquer autour de vous que cette vivifiante habitude de la première communion est enracinée

depuis des siècles au cœur de toutes les classes
de la population, bourgeois, ouvriers ou paysans.
L'obligation de s'instruire était religieuse bien
avant que d'être légale. Pour la plupart de nos
familles rurales, on va à l'école parce qu'il faut se
préparer à la première communion, tel est pour
elles le premier but de l'enseignement primaire.
La preuve, c'est que, ce but atteint, l'enfant re-
vient au logis. La loi elle-même n'a-t-elle pas
consacré cet usage, en fixant la fin de l'âge scolaire à douze ou treize ans, c'est-à-dire au lendemain du plus grand acte de la vie chrétienne?
Et dans les pays protestants, où les enfants ne
sont pas admis avant quatorze ou quinze ans à la
sainte Cène, la fin du temps scolaire n'est-elle
pas reculée à dessein jusqu'à cette limite? L'enseignement primaire procède donc essentielle-
ment de l'enseignement religieux, et lui enlever
le catéchisme c'est tout bêtement lui enlever sa
raison d'être. Pourquoi ne pas proscrire la
grammaire française ou l'arithmétique élémentaire? Ce ne serait pas plus stupide et ce serait
moins dangereux.

Les disciples du bienheureux La Salle, que
les sectaires appellent « ignorantins », sans
doute parce qu'ils usent leur vie à combattre
l'ignorance, vinrent s'établir à l'ombre du palais
des papes en 1703, c'est-à-dire aux premières
années de leur apostolat. Le terrain était si bien
préparé pour ces admirables semeurs, qu'en

quelques jours ils virent accourir à eux six cents enfants du peuple. Chose plus étonnante pour le temps : quelques femmes pieuses, ayant eu l'idée d'ouvrir une classe pour les petites filles pauvres, en reçurent aussitôt plus de 150. En peu de temps les « chers Frères » étaient appelés à Carpentras, à Orange, à Bollène, à Valréas, à Lisle, à Cavaillon, où ils fondèrent des écoles prospères qui durent encore.

Voilà comment le régime des vice-légats a mérité d'être comparé à un immense éteignoir pesant sur le pays pendant cinq siècles.

Une conviction générale de ce temps, où tant de garanties faisaient défaut, c'est que les fonctionnaires ne sauraient être trop responsables envers les administrés. Pour satisfaire sur ce point l'esprit public, notre petit État pontifical avait imaginé une procédure d'une hardiesse qu'on pourrait taxer de révolutionnaire. Qu'était-ce, en effet, que le syndicat? Pas autre chose que le droit reconnu à chacun de mettre en accusation, devant un tribunal spécial, tout agent du pouvoir sortant de charge qui se serait rendu suspect d'un abus d'autorité.

Et ce n'était pas seulement de tel humble commis qu'il s'agissait, c'étaient de tous les fonctionnaires, depuis le haut de la hiérarchie jusqu'en bas. Seulement, la poursuite contre le recteur devait être précédée d'une enquête faite par l'archevêque d'Avignon, le vice-légat, le nouveau recteur et deux assesseurs choisis par le le syndiqué. En outre, le tribunal se composait de trois membres élus par les états de la province et pris parmi eux. On devait bien cette garantie à un si haut personnage.

Pour tous les autres accusés, une simple délégation de trois membres, pris dans le conseil de ville, suffisait. Tout citoyen ayant occupé un emploi public n'avait le droit de s'éloigner de sa résidence qu'un certain nombre de jours après avoir cessé ses fonctions. Ce délai, une fois expiré sans qu'aucune réclamation se fût produite, ou si le jugement lui avait été favorable, l'ancien fonctionnaire était quitte envers tout le monde; il avait purgé son syndicat. *Syndicatum purgare*, disent les statuts d'Avignon et de Carpentras, comme s'il s'agissait d'une sorte de créance hypothécaire avec prise de corps que le public avait contre tout détenteur de l'autorité. Par contre, l'accusateur, qui avait été mis en échec, pouvait être recherché à son tour. Mais que nous étions loin, bon Dieu! du législateur de l'an VIII! Et quel affreux despotisme que ce régime des vice-légats qui pouvait vivre avec des juges élus pour un an, avec tous les agents du pouvoir à court terme, et au bout le syndicat.

On sait que les réfugiés étrangers furent jusqu'à la fin un des fléaux de l'enclave pontificale. Tous, cependant, n'étaient pas des vagabonds ou des repris de justice. La politique eut aussi ses exilés et ses fugitifs. En avril 1618, Avignon voyait arriver le futur cardinal de Richelieu, qui n'était connu encore que sous le titre d'évêque de Luçon, « le diocèse le plus crotté de France, » disait-il. C'était pourtant déjà un personnage important. Aux états généraux de 1614, le jeune prélat avait laissé deviner le rang qu'il devait prendre bientôt dans l'État. La veuve de Henri IV l'appela aussitôt à faire partie, comme secrétaire d'Etat de la guerre et des affaires étrangères, du ministère dont le chef devait être le favori Concini, devenu le maréchal d'Ancre. Triste début pour un tel homme ! Après la journée du 24 avril 1617, où l'aventurier italien fut tué par ordre du roi dans la cour du Louvre, après avoir espéré un moment qu'on allait le conserver aux affaires, Richelieu avait été renvoyé à Luçon et, l'année suivante, exilé pour avoir entretenu des relations avec Marie de Médicis, alors prisonnière à Blois. Mais on eut soin de ne l'envoyer pas plus loin qu'Avignon, ce qui était à la fois être en France et hors de France.

On juge si la petite cour du vice-légat fit accueil à cet évêque, accompagné du marquis de Richelieu, son frère aîné, disgracié en même temps que lui. Du jour où il avait dû quitter Paris pour rentrer dans son diocèse, l'ancien subordonné de Concini n'avait cessé de répéter qu'il était bien décidé à laisser de côté la politique pour se donner tout entier aux devoirs de son état. Ce fut, en effet, pendant ce court exil, soit à Luçon,

soit à Avginon, qu'il eut hâte de publier l'*Instruction du chrétien* qui devint plus tard le catéchisme
de son diocèse, plus un livre de polémique contre les protestants, dont on devrait trouver quelques exemplaires à Avignon. Aucun de ces ouvra-
ges, assure-t-on, n'aurait suffi pour faire vivre
jusqu'à nous le nom de son auteur. Mauvaise
chance pour un écrivain qui se montra si jaloux
du talent des autres de se trouver en rivalité, à
l'église avec Bossuet, au théâtre avec Corneille !

Richelieu paraît surtout préoccupé, à cette
époque, de ne pas donner des prétextes nouveaux
à ses ennemis et d'être rappelé en France le plus
vite possible. Ses relations les plus fréquentes
étaient au palais du vice-légat, au monastère
de l'Observance, voisin de sa demeure, et dans la
famille de Vedène, où il était accueilli comme
l'ami de la maison. Nous le voyons, au début de
1619, donner commission à son frère, qui avait
été autorisé à passer quelques jours à Paris, de
lui rapporter des cadeaux pour Avignon. C'é
taient d'abord « une belle haquenée, mais belle
tout à fait, s'il se peut » ; de plus, deux petites
pièces d'orfèvrerie de 100 écus les deux ; plus
deux montres et quelques autres petites pièces
« que je veux distribuer au lieu que vous savez ».
Comme le futur cardinal insiste sur le choix des
objets, en disant « qu'il vaut mieux ne rien donner que de faire un maigre cadeau », et qu'il
n'ignore pas que son rappel est prochain, il est

probable que la haquenée « belle tout à fait », qui passait pour la monture habituelle des prélats, était destinée au vice-légat et le reste à son entourage. En effet, quelques semaines après (mars 1619), Richelieu quittait Avignon pour aller rejoindre Marie de Médicis à Angoulême. On devine que la paix était faite avec le gouvernement et qu'on avait lieu de se fier aux conseils qu'il allait porter à sa protectrice. Les deux premières lettres, qu'il écrivit d'Angoulême, étaient adressées, l'une, au supérieur des Observantins, pour le remercier et se recommander aux prières de la communauté, et l'autre à son ami, M. de Vedène (1). Avignon n'eut plus à s'occuper de son ancien hôte jusqu'au jour où, devenu plus important que le roi, il vint prendre au palais des Papes l'interprète le plus habile et le continuateur le plus sûr de sa politique (2).

Juste un siècle plus tard, ce n'était plus un ministre disgràcié qui venait demander l'hospitalité à la ville des papes, c'était un souverain dépossédé. Le fils de Jacques II, reconnu comme roi d'Angleterre par Louis XIV, lors de la mort de son père, au château de Saint-Germain, pros-

(1) Lettres et papiers d'État du cardinal de Richelieu, recueillis et publiés par le vicomte d'Avenel, vol. I. Imprimerie impériale.

(2) Mazarin, vice-légat pendant deux ans, passa presque tout son temps auprès de Richelieu. L'évêque de Cavaillon le remplaçait au palais des papes. M. Duhamel, archiviste du département, a raconté, d'après les pièces, le court passage de Mazarin à la légation d'Avignon.

crit de France par le traité d'Utrecht, arrivait au retour d'une descente manquée en Ecosse, avec une suite de plus de cent personnes, chez un des rares souverains qui osaient encore se prononcer pour sa cause. Le vice-légat, qui avait pris les ordres de Rome, fit à l'héritier des Stuarts une réception digne d'un roi. Deux des plus belles demeures de l'aristocratie locale furent mises à sa disposition. Le va-et-vient des courriers était tel, disent les manuscrits de la bibliothèque d'Avignon, qu'il fut ordonné qu'une des portes de la ville resterait ouverte pendant la nuit pour les laisser-passer. La plupart venaient des ports de la Manche ou de Paris.

Malgré tant de bruit autour de sa retraite, le prince exilé ne paraît pas avoir beaucoup avancé ses affaires pendant son année de séjour à Avignon. On le voyait sortir seul, chaque matin, pour aller se promener pendant de longues heures sous les beaux ombrages du cloître Saint-Martial, aujourd'hui détruits. Sa table, toujours splendidement servie, réunissait chaque jour la plus haute société d'Avignon et de la contrée. Le vice-légat semblait tenir à honneur de prouver que le pays Venaissin était toujours digne de son nom (*a venatione*), en envoyant à son hôte du gibier de toute espèce. La noblesse du Comtat fière de cette occasion d'aller à la cour, accourait en foule chez l'héritier des Stuarts. Personne ne doutait que la succession d'Angleterre, dévolue par la révolution à la maison de Hanovre, ne revînt, au premier jour, de ces princes étrangers et bourrus, à la race nationale. On se croyait, comme toujours, à la veille d'une restauration, et les fêtes ne discontinuaient pas, comme si l'on était au lendemain.

Mais il fallut encore prêter l'oreille aux remontrances de la diplomatie et s'en aller plus loin de France. C'était le moment où l'abbé Dubois signait, au nom du régent, le traité de la quadruple alliance entre la France, l'Angleterre, l'Empire et la Hollande. Les Stuarts ne pouvaient donc plus compter que sur l'Espagne, et ce fut, en effet, vers ce pays, gouverné par Albéroni, un Richelieu de rencontre, que le chevalier de Saint-Georges se dirigea. Toute sa maison ne l'y suivit pas, quelques-uns des lords écossais ou anglais qui s'étaient attachés à la fortune du prétendant restèrent en France ; un plus grand nombre repassa le détroit. Il subsiste, cependant, encore un souvenir du séjour parmi nous de la cour exilée d'Angleterre. On a parlé, il y a quelques années, d'un hameau situé aux environs de Lagnes, près de Lisle-sur-Sorgue, qui aurait été peuplé par des gens de service du chevalier de Saint-Georges mariés dans le pays. L'origine britannique de ce petit groupe est encore reconnaissable, soit aux traits du visage, soit aux noms provençalisés par l'usage.

Sauf, quelques tumultes renouvelés des Grecs

et des Romains, entre plébéiens et patriciens, qui se désignaient les uns et les autres par les noms injurieux de *Pevoli les pouilleux* et *pessugau les chippeurs* (1), Avignon continuait de vivre paisible sous l'égide de ses vieilles libertés municipales. En partant comme en arrivant, les papes avaient dû en jurer le maintien. C'était une barrière devant le pouvoir absolu du vice-légat. Encore aurait-il fallu qu'elle fût gardée par l'opinion. Sans doute le viguier avec sa grosse canne à pommeau d'argent, les trois consuls avec leur chaperon en velours cramoisi, doublé de satin noir, l'assesseur ou orateur de la ville avec le chaperon sur sa longue robe d'avocat, le primicier, l'élu des docteurs, avec son escorte de gardes suisses et la lourde masse d'argent de l'université portée devant lui ; puis les quarante-huit membres du conseil de ville, divisés en trois « mains » égales en nombre, noblesse, bourgeoisie, artisans, toute cette vieille représentation des droits et des traditions populaires, n'avait pas perdu tout prestige. Mais à travers l'antique apparence, on voyait trop clairement que tout le gouvernement pourrait, au besoin, tenir dans un seul homme. Et quel homme ? Et comment espérer lui résister ? Parlant au nom du pape,

---

(1) Le peuple accusait les hautes classes d'avoir augmenté les taxes municipales et endetté la commune pour en tirer profit. De là des rixes et des bagarres qui ne furent pas toujours sans gravité.

grand pénitencier, chef suprême de la législation, de l'administration et de la justice, le vice-légat se rencontrait en maître dans toutes les questions. Celles où on ne le trouvait pas, c'est qu'il n'avait pas daigné s'en occuper.

On racontait dans le vieil Avignon que l'intendant d'une province voisine étant venu rendre visite au vice-légat et se permettant de le plaisanter au sujet de son pouvoir aussi exigu que le territoire de son petit État, celui-ci fut bien aise de lui montrer jusqu'où son autorité pourrait aller. Comme ils parcouraient en carrosse les divers quartiers d'Avignon, ils rencontrèrent un long cortège de prêtres, de pénitents de la Miséricorde, de soldats et de gens du peuple, accompagnant un condamné que le bourreau tenait par une corde déjà passée autour du cou. « Pauvre diable ! dit l'intendant, pas moyen de le tirer de là. — Rien de plus simple, reprit le vice-légat ; » et faisant un signe au barigel qui vint prendre ses ordres, on vit le lugubre convoi rebrousser chemin et défiler devant la voiture officielle avec des cris d'enthousiasme et de reconnaissance à faire pleurer. « Eh bien ! demanda le vice-légat, en pourriez-vous faire autant dans votre province ? »

De cette conviction que le vice-légat pouvait tout, conviction qui ne fut pas toujours appuyée sur d'aussi heureux exemples, était né peu à peu un sentiment d'indifférence et de languitude italienne à l'endroit des choses publiques. La noblesse, surtout, qui se savait fort jalousée dans son pays et qui trouvait en France la flatteuse satisfaction de ses plus chers privilèges, affectait de plus en plus de ne pas avoir à se mêler des affaires de la commune. C'était à qui se ferait exempter d'être membres du conseil de ville. Cette étrange prétention de ne rien être et de ne rien faire au milieu de ses concitoyens n'était pas pour déplaire à ceux de la deuxième et de la troisième main, qui attiraient à eux l'influence justement due au travail intelligent et aux services gratuits. La bourgeoisie, née du même progrès social que l'énorme accroissement des affaires et des fortunes qui commençait à se produire, s'installait avec empressement à la place de ceux qui s'en allaient. Quand on s'en aperçut, peu d'années avant la révolution, toutes les dispenses furent abrogées, mais il était déjà bien tard. Ni l'impression reçue ne pouvait être effacée, ni les positions perdues ne pouvaient être reprises. Ce fut parmi ceux qui montaient alors à l'assaut de l'hôtel de ville, qu'on devait retrouver bientôt les chefs de la révolution d'Avignon.

Une cause qui ne contribua pas moins à déplacer la prépondérance politique, ce fut l'occupation de l'enclave pontificale par la France, qui se renouvela trois fois entre la fin du dix-septième et la fin du dix-huitième siècle. La France, on le sait, présentait alors ce rare et dangereux phénomène d'associer une législation aristocratique avec un gouvernement de bourgeoisie. Sans se montrer aussi Duc et Pair que Saint-Simon, qui reproche à Louis XIV de n'avoir admis pendant son long règne qu'un seul homme de qualité dans ses conseils, le duc de Beauvilliers, on doit reconnaître que le grand roi préférait être servi par des hommes qui lui devaient tout que par ceux qui croyaient que tout leur était dû par droit de naissance. Les prétentions aristocratiques, quoique toujours en éveil, n'avaient pas chance de passer pour des titres. Le choix du prince et la vénalité des charges assuraient à d'autres une large suprématie. A regarder les choses d'un peu près, l'ancien régime ne vivait plus que par quelques abus quand il fut violemment déraciné.

L'épreuve même momentanée du régime français ne pouvait donc qu'accélérer dans l'État pontifical un mouvement déjà consacré en France par la royauté. Quant au fait même de l'occupation, ce fut, au dire de notre savant et regretté Chantelauze (1), sur le conseil donné par le cardinal de Retz à Louis XIV, de se servir d'Avignon, comme d'un gage mis sous sa main par le pape lui-même. Mieux valait, suivant le peu scrupuleux diplomate, conserver un moyen

(1) *Missions du cardinal de Retz*, par Régis Chantelauze.

si facile de peser sur les décisions de la cour de Rome que de s'approprier un petit territoire de plus. La première occupation française remonte, en effet, à l'attentat, commis à Rome, par les gardes corses contre l'ambassadeur de France. La seconde, qui date du même règne, eut pour motif le différend qui s'éleva entre Innocent VIII et Louis XIV, à propos du droit de régale. Elle fut courte comme la première (1688-1689), parce que le vieux pape mourut, malgré les vœux ardents de Mme de Sévigné pour la prolongation de ses jours et du traitement de M. de Grignan, comme gouverneur du Comtat. Enfin, la troisième occupation eut lieu sous Louis XV, et fut un épisode de la guerre des Parlements contre les Jésuites. Celle-là fut la plus importante, car elle dura six ans (1768-1774), c'est-à-dire non seulement jusqu'à la mort de Clément XIII, mais jusqu'à ce que son remplaçant Clément XIV, eût signé la bulle de l'abolition des Jésuites (1).

Un caractère commun à ces trois agressions fut l'absence de toute violence, soit pour attaquer, soit pour se défendre, et la parfaite convenance des plus mauvais procédés. On eût dit que

______

(1) Il a paru dans ces dernières années une histoire complète et très documentée des *occupations temporaires d'Avignon et du Comtat par la France*. L'auteur, M. Charpenne, ancien conseiller de préfecture de Vaucluse, a su nous prouver que personne ne saurait aussi bien que lui nous donner l'histoire de notre réunion définitive, qu'il était en effet en train de publier quand la mort est venue le surprendre.

tout était arrangé entre les deux gouvernements. Vingt-cinq dragons partis du fort Saint-André de Villeneuve venaient se ranger en bataille devant l'hôtel de ville d'Avignon, en même temps qu'une commission du parlement d'Aix en prenait possession au nom du roi. Les armes du Saint-Père, respectueusement décrochées et portées en lieu sûr, étaient remplacées par les fleurs de lis. Puis le président de la commission, après avoir fait sonner la cloche municipale pour la réunion du conseil de ville, montait au palais pour dire un mot au vice-légat de ce qui se passait. Celui-ci, satisfait sans doute de ne pas être complètement mis de côté, se bornait à refuser copie de l'arrêt du Parlement qui le dépossédait, et se hâtait de partir avec ses douze suisses armés de hallebardes. Aussitôt, le changement de régime était voté à l'unanimité et les réjouissances, commencées par ordre, se continuaient par entraînement populaire.

Au-dessous du portrait de Louis XV, dans la grande salle de l'hôtel de ville, on lisait, lors de l'occupation de 1768, une strophe terminée par ces deux vers :

> Et nos cœurs étaient ses sujets,
> Longtemps avant qu'il ne fût notre maître !

Ce distique en dit plus long et porte plus juste que les considérants du parlement d'Aix.

Outre d'heureuses simplifications dans l'administration de la justice, l'occupation française apportait avec elle la fin du régime fiscal qui prohibait, ou à peu près, aux Comtadins le transport en France des produits de leur sol et de leur industrie. Une vraie muraille de la Chine, dont quelques traces se rencontrent encore à travers champs, avait été construite entre Lisle et Apt par les fermiers généraux, pour barrer notre frontière ouverte du Sud, et nous isoler ainsi de la Provence. Dès lors le commerce fut remplacé par la contrebande qui devint bientôt, malgré l'atrocité des lois du temps, le plus lucratif des métiers. Dangereuse école pour une population que cette guerre contre le trésor public avec la séduction du danger et la secrète complicité de tout le monde ! Aussi le plus grand dommage causé par la contrebande ne fut-il pas malheureusement pour les fermiers généraux.

On fait remonter ces violences du fisc contre le Comtat à l'époque du passage et du séjour de Louis XIV chez le vice-légat. Il paraît que la fastueuse réception qui lui fut faite, en 1660, offusqua le jeune souverain que les villes de son royaume n'avaient point habitué à un tel étalage de richesses. Il aurait eu là comme un avant-goût du mécontentement qu'il devait plus tard éprouver aux fêtes de Vaux. Qui sait même s'il ne crut pas que l'enclave pontificale lui devait des comptes aussi bien que le surintendant Fouquet, et que cette fortune aussi était faite aux dépens de son peuple ?

A la porte Saint-Lazare, par où l'entrée devait avoir lieu, le roi commença par refuser de quitter sa voiture pour aller se placer sous un dais somptueux en velours rouge porté par les notables de la ville et précédé par de nombreux enfants de chœur marchant à reculons en balançant l'encensoir. Pris d'un accès de modestie qui ne devait pas rester le trait dominant de son caractère, Louis XIV répondit, non sans raison, que de tels honneurs n'appartiennent qu'à Dieu. A l'intérieur, toutes les rues par où passait le cortège étaient couvertes et tapissées de longues pièces de soieries fabriquées et teintes dans le pays. Lyon lui-même, d'où la cour arrivait, n'aurait pu se donner le luxe d'une telle exhibition.

Pendant les huit jours que le roi, la reine mère et le cardinal Mazarin furent les hôtes du vice-légat, et quoiqu'on fût en semaine sainte, le faste de la réception ne se démentit pas. L'impression reçue par l'orgueilleux monarque ne changea pas non plus. Tant de prospérité si naïvement étalée lui fit l'effet d'une humiliation plutôt que d'un hommage. Le fait est que le nouveau régime douanier si cruel pour l'industrie d'Avignon fut publié peu de mois après cette malheureuse visite. Le commerce et la fabrique de soie, réduits au seul marché intérieur, tombèrent bientôt à rien, et les ouvriers de la contrée furent porter à Lyon et à Nîmes le secret de la *florence* d'Avignon alors si renommée.

Quelque temps après, en 1734, ce fut au tour de la ferme des tabacs en France à se plaindre de la concurrence du Comtat. Quoiqu'il fût alors presque tout consommé en poudre, le tabac était déjà une des plantes nourricières du budget et, par suite, se vendait à un prix de monopole. Les Comtadins, au contraire, ne payant aucun impôt pour des terres qui produisaient le tabac en abondance et d'excellente qualité, pouvaient le livrer à prix inférieur. De là les cris de la régie chez le voisin et les réclamations de plus en plus vives du gouvernement. Il fallut traiter et s'engager à ne plus cultiver le tabac, moyennant une insuffisante indemnité de 230000 francs à partager chaque année entre les propriétaires et les négociants. Croirait-on que cent ans après que la rente a cessé d'être payée, la liberté entière de la culture du tabac ne nous soit pas encore rendue?

Si de pareils procédés ne sont 'pas de ceux qui gagnent les cœurs, ils ne laissaient ignorer à personne que vivre plus longtemps en dehors de la France allait devenir impossible. Peut-être bien était-ce là tout ce qu'on voulait nous démontrer.

Les faveurs avaient, d'ailleurs, précédé les rigueurs dans nos relations avec la France. François Ier, voulant reconnaître les bons services rendus par Avignon lors de la descente en Provence
de Charles-Quint, avait donné les droits de régnicoles à tout habitant de l'enclave pontificale.
Qu'avait-on voulu dire par ces mots? Évidemment que tous les droits reconnus aux sujets du
roi et compatibles avec la souveraineté du pape
seraient désormais attribués aux habitants des
deux États d'Avignon et du Comtat. Pour la noblesse, c'était le droit de servir dans l'armée
française; pour le clergé, c'était le droit de prétendre aux mêmes dignités et bénéfices que le
clergé du royaume. Mais pour le peuple? On
voulut espérer un moment qu'on obtiendrait une
diminution considérable sur le prix du sel qu'on
était forcé d'aller chercher très chèrement à l'é-
tang de Berre. La régie ne voulut rien entendre;
le pape, toujours paternel, se chargea d'acheter
le sel et de le revendre à perte à ses sujets. Le
sacrifice devenant chaque année plus onéreux,
il fallut y renoncer et laisser le champ libre à
la gabelle.

La troisième occupation avait eu six ans pour
habituer les sujets du pape au régime français.
Ce fut donc un sérieux préambule à l'occupation
définitive. Ajoutons que le marquis de Roche-
chouart, gouvernant au nom de la France, avait
su mettre tant d'aménité et de bonne grâce dans

ses relations avec les Comtadins, qu'il reçut, à son départ, un riche cadeau de la part du Conseil de ville, et que, lors de sa mort, quelques années plus tard, Avignon fit célébrer un service solennel, où toute la ville accourut.

De ce petit fait d'assez mince importance, on peut tirer deux conséquences qui ont leur valeur. La première, c'est que rien ne ressemble moins à un tyran que ce bonhomme de vice-légat, qui ne trouve rien à reprendre aux honneurs publics rendus à un étranger par lequel il venait d'être chassé et remplacé. La seconde, c'est que l'opinion générale, sans être contredite par le gouvernement, acceptait d'avance la réunion à la France.

IV

Le souffle de 89 n'était pas de ceux qu'un mur d'octroi, eût-il six pieds de haut, comme celui des fermiers généraux, pût suffire à détourner. Bien qu'impitoyablement fermé à l'échange des produits industriels, le petit État pontifical restait ouvert de tous côtés aux idées françaises. On lisait les mêmes livres, on admirait les mêmes hommes, on se passionnait pour les mêmes événements, on soupirait après le même inconnu. Il pouvait y avoir des divergences de vues entre Avignon et Carpentras; il n'y en avait aucune entre ces deux villes et la grande capitale. C'est cette unanimité de tout le pays sur les points généraux de la politique, qui assurait, dès les premiers jours, le rapide succès de la révolution. C'est aussi ce qui prouve, contre les terroristes, qu'il n'était pas nécessaire de la coiffer du bonnet rouge et de la promener bras dessus bras dessous avec le bourreau, pour lui recruter des partisans. Avant qu'elles ne fussent légalement posées, on était d'accord sur les questions essentielles. Tout le monde voulait l'égalité devant l'impôt et la liberté de conscience. Le morcellement des grands héritages était plus que commencé et l'avènement des classes moyennes s'opérait, depuis un siècle, par l'initiative de la royauté. De plus, en rendant l'état civil aux protestants, en introduisant même, à leur sujet, le mariage purement civil dans notre législation, en supprimant la torture comme moyen d'instruction criminelle, Louis XVI venait de donner des gages à tous les progrès. Il n'y avait qu'à suivre.

Ce mouvement d'esprit public était tellement un fait accompli que chacun se sentait représenté à Versailles, et que les Comtadins croyaient volontiers qu'ils étaient appelés, comme leurs voisins d'Apt et d'Orange, à prendre part aux élections de 1789. Bientôt la fiction ne leur parut plus suffisante. Ils voulurent avoir leur petite Constituante à eux, et mettre les institutions d'un pays papal en regard du fameux pacte social retrouvé par Rousseau. Dès le mois d'avril 1790, le vice-légat dut signer le décret de convocation des états généraux du Comtat, qui n'avaient pas été réunis depuis la fin des guerres de religion. Cette tentative ne pouvait prouver, avec des proportions entre Carpentras et Versailles, que les bonnes intentions et la naïve inexpérience politique de ses auteurs. Ici, on désirait garder le roi, mais on réduisait à rien la royauté. Là, tout en jurant fidélité éternelle au Souverain Pontife, on lui demandait d'admettre dans ses États la Constitution française, qui dépouillait le clergé de ses biens et le pape de son autorité.

D'un côté comme de l'autre, le règne de l'illusion ne devait être de longue durée. En janvier 1791, l'assemblée représentative de Carpentras, après une session de moins d'un an, se dispersait en déclarant piteusement qu'elle remettait sa cause « au tribunal des nations ». La triste vérité, c'est qu'on était au lendemain du sac de Cavaillon par les braves brigands de Vaucluse et à la veille du siège de Carpentras. Les Jourdan Coupe-têtes et les Danton allaient se charger de réaliser les réformes des théoriciens.

Il faut, cependant, savoir gré aux derniers élus du Comtat d'avoir voulu aider le pays dans sa résistance aux révolutionnaires. Est-ce parce que les révolutionnaires étaient d'Avignon ? On se partage. Il est certain que c'est dans le sein de l'assemblée de Carpentras que se réfugia le vice-légat, fuyant les émeutiers de la place du palais. Il est certain aussi qu'il ne refusa pas de contresigner les premiers actes de cette consti-tuante en petit format. Ce prélat n'ayant pas tardé à faire observer qu'il n'était pas autorisé à sanc-tionner au nom du pape tant de choses nouvelles, on ne s'occupa plus de lui jusqu'à la séance du 20 décembre 1790, où, tout en protestant de leur dévouement aux droits de Pie VI, les députés remplacèrent son vice-légat, qui avait perdu toute autorité, par trois « conservateurs de l'É-tat Venaissin » qui n'en eurent jamais aucune. Quelques séances avant, le recteur avait été supprimé.

Disons tout de suite que s'il fut impossible d'arriver à de meilleures conclusions, la faute n'en fut pas à l'assemblée toute seule. On savait trop, depuis la fatale journée du 10 juin 1790, combien le pouvoir attaqué était faible et nul.

On savait aussi jusqu'où pouvait aller la féro-cité de la populace excitée par quelques scélé-rats et qui croit n'avoir rien à craindre. Il faut retenir cette date du 10 juin 1790. Ce fut le der-nier jour du gouvernement pontifical à Avignon et le premier de cette série de crimes non répri-més qui devait aboutir, seize mois plus tard, aux massacres de la Glacière. Les victimes, qui au-raient été bien plus nombreuses sans l'arrivée de la garde nationale d'Orange, furent deux aristocrates, un prêtre et un homme du peuple (1). C'était tout l'ancien régime en une seule exécution. Pendant que les malheureux se balançaient à la potence sous les fenêtres du palais, le vice-légat parut sur sa terrasse, agitant les bras en désespéré et criant : *Grâce ! Miséricorde !* Quelques balles tirées de son côté l'eurent vite décidé à rentrer. Franchement, ce n'est pas ainsi qu'on sauve un gouvernement ! Si le bon prélat avait eu le courage de paraître sur la place avec une escorte de quelques hommes bien résolus et bien armés, il aurait vu toute cette volée d'oiseaux de proie s'enfuir aux premiers coups de fusil (2). On en eut la preuve quelques instants après, lorsque le brave d'Aymard, maire d'Orange, arriva sur le lieu du crime avec un détachement de la garde nationale de sa commune.

Le gouvernement pontifical ne devait pas être mieux défendu à Rome qu'au bord du Rhône. Au lieu de confondre sous les mêmes anathèmes ses amis timides et ses ennemis déclarés, il aurait

(1) Le marquis de Rochegude, ancien officier supérieur au service de la France, qui s'était mis quelques jours avant à la disposition du vice-légat pour rétablir l'ordre dans les rues ; le marquis d'Aulan, l'homme le plus populaire d'Avignon pour sa charité ; enfin l'abbé Offray et le tafetassier Aubert, accusés d'avoir manqué de respect à la nouvelle municipalité.

(2) Rappelons à ce sujet qu'il n'est pas vrai, comme l'ont cru nos historiens locaux, que Mgr Casoni ait été promu au cardinalat en revenant d'Avignon ; ce ne fut qu'en 1801, c'est-à-dire après onze ans d'attente et sous un autre pape.

pu se servir, sans s'y livrer, de cette réunion des états généraux du Comtat, pour négocier avec la France sur les bases d'une indemnité pécuniaire. Cette solution désirée par tous (1), une fois acceptée par Carpentras, s'imposait d'elle-même pour Avignon. Seulement il n'aurait pas fallu oublier que l'épithète de « préalable » est inséparable légalement du mot « indemnité ».

Pendant que les représentants du Comtat cherchaient un honnête moyen d'éviter au pape d'être exproprié sans compensation, Avignon donnait d'autres conseils et d'autres exemples. Le parti qui se réclamait bruyamment du nom de Français était avant tout antipapal. Ce qui l'attirait vers la France, c'était la révolution plutôt que la France elle-même. Son but principal était d'ouvrir les portes de l'hôtel de ville et du palais à quelques mécontents de l'ancien régime. L'ambition, la jalousie, les rancunes personnelles et jusqu'à des rivalités de femmes, contribuèrent à recruter dans la classe éclairée ce groupe exécrable sur qui pèse la responsabilité de tous les crimes qui furent commis.

Avant la fin de 1789, le vice-légat avait dû signer la convocation d'une garde nationale. Cette concession ordinaire des pouvoirs qui ne

---

(1) « L'Assemblée nationale décrète que le roi sera prié de faire ouvrir des négociations avec la cour de Rome pour traiter des indemnités et dédommagements qui pourraient être légitimement dus. » (Décret de la réunion d'Avignon et du Comtat à la France, du 14 septembre 1791.)

savent plus se garder eux-mêmes et par laquelle on prétend assurer la paix, en donnant des armes à tout le monde, rappelle ce trait, souvent cité, d'un père de famille qui ne veut pas refuser un tambour à son petit garçon, mais qui a bien soin d'ajouter : Au moins ne fais pas de bruit !

Cependant les premières élections ayant introduit dans la garde urbaine quelques anciens officiers au service de la France, les meneurs sentirent le besoin d'avoir une armée toute à eux. Trois ou quatre milliers de ces volontaires du désordre, qu'on trouve toujours dans les bas-fonds d'une grande ville, vinrent se grouper derrière une centaine de déserteurs des régiments de Soissonnais et de Penthièvre qui venaient de séjourner dans le pays, et l'armée des « braves brigands de Vaucluse » se trouva formée. Ce nom, qu'elle aimait à se donner elle-même, était d'ailleurs bien mérité, sauf une épithète qu'elle ne parvint jamais à justifier. C'est de cette élite que sortirent Jourdan Coupe-têtes, dont le surnom, choisi par lui dit tout, et Viot, plus coupe-têtes, encore que son camarade, car il fut accusateur public devant le tribunal d'Orange. Désormais, l'instrument est trouvé, il n'y a qu'à faire naître les occasions de s'en servir.

Il n'entre pas dans notre plan de raconter, après tant d'autres, les détails si odieux de la révolution avignonnaise, ce sera bien assez d'en rappeler les dates principales. De même qu'Orange, petit État protestant, tour à tour en dehors et en dedans de la frontière française, dut à sa situation de connaître deux fois les rigueurs de la révocation de l'Édit de Nantes, de même Avignon eut à subir deux fois le régime de la Terreur, une fois pour son compte, l'autre fois pour le compte de la France.

La plus horrible des deux fut la terreur locale, la terreur avignonnaise. Rien n'est comparable à la populace débridée qui a vu fuir devant elle son gouvernement et qui ne rencontre plus de résistance chez ceux qu'elle se plaît à opprimer. Les églises et les couvents d'Avignon, réputés si riches, devaient avoir ses premières visites; vinrent ensuite les perquisitions domiciliaires, les demandes d'argent ou de denrées, la chasse aux suspects, les potences de la place du palais, les massacres et le pillage de Cavaillon, la destruction de l'abbaye de Bompas, sur les bords de la Durance, le village de Sarrians mis à feu et à sang, et enfin la marche triomphale sur Carpentras.

Ici tout se réunissait pour annoncer une affaire des plus sérieuses, ne fût-ce que la vieille animosité entre les deux villes; on n'eut que le grotesque épisode d'un siège de carnaval. Les braves brigands se targuaient d'entrer sans combattre dans la capitale du Comtat, lorsque du sommet du Ventoux, subitement obscurci, un ouragan de pluie mêlée de grêle et de roulement de tonnerre s'abattit tout à coup sur les agresseurs. C'était trop pour de tels soldats ! Munis d'armes de toute espèce, on avait oublié les parapluies. Ils se débandèrent donc et coururent jusqu'à Monteux, abandonnant artillerie et bagages. Si les Carpentrassiens avaient eu la bonne inspiration de sortir à ce moment, il n'en serait pas resté un pour aller raconter à leurs amis de la Carretterie que les papistes de Carpentras avaient été heureux qu'il eût fait si mauvais temps.

Les héros du 20 janvier mirent trois mois à revenir. Ce ne fut pas pour se montrer moins brigands, puisqu'ils tirèrent à boulets rouges sur l'hôpital situé hors la ville ; ni plus braves, puisqu'ils reculèrent à la première décharge d'un unique canon braqué devant l'édifice. Il fallut attaquer la ville d'un autre côté, loin du terrible canon, mais sans plus de succès. La campagne ne fut pas entièrement perdue, cependant, pour les brigands, car ils avaient eu le temps d'assassiner leur général en chef, suspect de modérantisme, et de le remplacer par Jourdan Coupe-têtes.

Ces deux sièges de Carpentras, si absolument dénués de faits d'armes, mériteraient de trouver leur poète comique, comme le siège de Caderousse. Au fond, il s'agissait beaucoup moins entre les deux villes de savoir si le pape allait être restauré, que de savoir si son petit État allait être réuni à la France avec Avignon pour chef-lieu. La capitale du Comtat, qui s'était plusieurs fois prononcée pour la France, préférait rester au pape que de venir la subordonnée de sa rivale.

C'était là, on en conviendra, une bien faible chance de restauration pour le régime pontifical. Quatre fois déjà la motion avait été faite à l'Assemblée nationale de décréter le retour à la France de cette enclave possédée sans droit, disait-on, par le pape, et quatre fois elle avait été repoussée. On eût dit qu'un débat purement historique se poursuivait à la tribune, tant on s'acharnait, d'un côté à démontrer, de l'autre à contredire la thèse de l'illégitimité de l'établissement des papes aux bords du Rhône. C'était pourtant bien d'une question politique et même constitutionnelle qu'il s'agissait.

L'Assemblée venait, en effet, de déclarer dans sa constitution, comme dans un bon devoir de rhétorique, que la France s'engageait à ne plus faire désormais de conquêtes. Or, s'il était reconnu que la cour de Rome avait commencé par prendre Avignon et le Comtat à la nation française, celle-ci ne ferait que reprendre son bien dans les mains de l'usurpateur. Ce n'est pas une conquête que de se contenter de rentrer chez soi. Pauvre thèse d'avocat, que Maury pulvérisait en rappelant combien de provinces ont appartenu jadis à la France, ou à toute autre puissance, qui ont cessé de leur appartenir et sur lesquelles aucune réclamation n'est élevée. D'ailleurs cinq siècles de tranquille possession ne suffisaient-ils pas à faire courir la prescription ?

Après avoir tergiversé pendant près de deux ans, qui furent des années d'anarchie pour ce malheureux pays, qu'on laissait en suspens entre un ancien gouvernement qui n'osait pas rester à son poste et un nouveau qui n'osait pas venir à sa place, l'Assemblée nationale finit par envoyer trois commissaires chargés de consulter le vœu des populations. Le résultat ne pouvait être douteux. Sur 98 communes qui se firent représenter à l'assemblée de Bédarrides, 70 votèrent pour la réunion immédiate à la France, 19 pour le retour au régime pontifical, et 9, qui étaient évidemment des papistes intimidés, n'eurent pas le courage de donner leur avis.

Ce qui est peu connu, c'est que, en 1814, les puissances coalisées se souvinrent de ces discussions et surent en faire sortir, pour les vaincus, une véritable mystification. L'empereur Alexandre, trouvant trop dure la condition qui nous était faite de rentrer dans nos frontières de 1790, s'était engagé, envers Louis XVIII, à lui faire donner en sus une population de 5 à 600000 âmes. Sait-on comment les diplomates s'y prirent pour faire honneur à cette loyale parole du czar? En adjugeant libéralement à la France les deux États d'Avignon et du Comtat, considérés comme conquis sur le pape, et de plus la petite principauté de Montbéliard ! D'après cet arrangement qui ne leur coûtait rien et qui ne nous rapportait pas davantage, nous nous serions trop pressés de célébrer, en septembre 1891, le centenaire de notre réunion définitive à la France. Il fallait attendre jusqu'à 1915.

Les trois commissaires voyant leur tâche accomplie demandèrent le licenciement de l'armée révolutionnaire désormais inutile. Cantonnée à Monteux, depuis ses deux honteuses tentatives sur Carpentras, elle n'attendait qu'une occasion pour aller jeter au Rhône la municipalité modérée d'Avignon, et livrer de nouveau la ville au bon plaisir de son général. C'est, en effet, par le triomphe de ces misérables que fut célébré le triomphe du parti français. Par la connivence coupable de deux commissaires sur trois, Jourdan Coupe-têtes fut nommé gouverneur du palais ou du fort, comme on disait à ce moment. Le héros Jacobin se hâta de venir s'installer dans les appartements du vice-légat, accompagné d'une fille de joie et de l'élite de ses brigands.

On arrivait, en effet, avec des projets qu'on ne pouvait confier qu'à de pareils soldats. Il s'agissait de tirer une vengeance éclatante de ceux qui détenaient encore l'hôtel de ville à la place des purs patriotes. Après le vote de Bédarrides, on affectait de n'avoir plus rien à craindre des partisans du pape. L'ennemi à détruire, c'était déjà ce petit nombre de républicains, dits modérés, qui refusaient de se dire montagnards. Ce fut donc après une journée révolutionnaire qui les débusqua de la mairie, que la persécution commença. Les portes de la ville furent fermées et les perquisitions de jour et de nuit ne cessèrent de désoler les meilleurs citoyens. Heureusement que la plupart des membres de l'ancienne municipalité avaient réussi à s'échapper. Mais leurs familles, leurs fournisseurs, leurs amis des classes populaires, furent dénoncés et traînés en prison. Une fausse nouvelle répandue, on ne sait par qui, ayant occasionné des rassemblements et l'assassinat d'un républicain notable, le comité, qui gouvernait la ville sous la main de Jourdan, jugea le moment opportun pour frapper le coup depuis longtemps préparé. La nuit suivante, les prisonniers du palais, au nombre de soixante-trois, furent assommés à coups de barre de fer et précipités dans le trou de la Glacière. C'était le 16 octobre 1791. Avignon précédait donc Paris de près d'un an dans cette horrible besogne du massacre des prisons, et Danton ne devait être que le plagiaire de Jourdan Coupe-têtes.

Bien qu'Avignon fût déjà sous le régime français, l'horrible nuit de la Glacière n'en est pas moins restée au compte de la terreur avignonnaise. Tout se passa, en effet, entre Avignonnais, entre gens se connaissant, se jalousant, se haïssant et sans autres ordres supérieurs que ceux du commandant du fort. C'est bien assez pour la France d'avoir permis que le vote d'annexion devînt un vote en faveur des brigands de Vaucluse.

La Terreur française devait s'y prendre plus méthodiquement, puisqu'elle avait l'affreuse prétention d'être un gouvernement. Après le massacre des prisons, dont Marat seul osa se vanter, ce fut le licteur qui reprit la hache. Il se forma dans le pays, pour servir les odieux desseins des pouvoirs publics, toute une organisation de cercles concentriques aboutissànt comme dans *l'Enfer* du Dante, à la triple gueule ouverte de Satan : dans chaque commune, un comité de surveillance composé d'espions jacobins et chargé de dresser la liste des suspects ; un autre par district, puis au chef-lieu, un comité de sûreté générale. Chacun de ces comités s'attribuait le droit d'envahir les domiciles, d'en faire la prison provisoire des suspects, de rançonner, d'arrêter et d'expédier au tribunal criminel, qu'on pouvait, sans lui faire tort, confondre avec la guillotine.

Avignon avait eu le sien, que l'horrible renom de celui d'Orange, qui le remplaça, a relégué dans un oubli immérité. Si obscurément qu'il ait fonctionné, il n'en a pas moins envoyé près de cent victimes, en quelques mois, au nouvel instrument de mort qui se dressait sur la place de l'Horloge. Maignet trouva que c'était là faire preuve d'un bien insuffisant patriotisme. Qu'attendre, en effet, de juges qui perdaient leur temps à interroger les témoins, entendre les défenseurs, et qui croyaient devoir laisser passer un certain délai moral entre le jugement et l'exécution ? N'était-ce pas vouloir renforcer le parti des *apitoyeurs*, si dangereux pour la république ? Autant aurait valu, on le voit, faire un crime au tribunal qu'on voulait supprimer de n'avoir pas deviné et appliqué d'avance la loi du 22 prairial. On sait que le farouche délégué du Comité de salut public arrivait avec des juges selon son cœur, qu'il eut soin d'installer dans la petite ville d'Orange, et qui devaient faire rouler à ses pieds, en moins de deux mois, cent trente-deux têtes innocentes.

Vint enfin le tour de la justice de Dieu. *Hæc est dies Domini, venit judicium* ! Jourdan Coupe-têtes, devenu riche et même, disait-on, conservateur, fut mandé à Paris, et guillotiné pour avoir volé la nation dans la vente des biens confisqués. Mainvielle aîné et Duprat jeune, qui s'étaient fait nommer députés, après avoir figuré parmi les plus violents meneurs de la révolution avignonnaise, furent compris dans la proscription des girondins. Enfin, les juges et l'accusateur public du tribunal d'Orange vinrent porter sur l'échafaud d'Avignon leurs têtes cent trente-deux fois criminelles. Croirait-on que ces misérables, qui avaient l'habitude d'aller chaque soir voir décapiter ceux qu'ils avaient condamnés sans les entendre le matin même, osèrent se plaindre du peu de temps qu'on leur laissait pour préparer leur défense !

On conviendra que c'était là de bien tragiques événements et en grand nombre, pour un peuple qui venait de dormir cinq siècles, en dehors de la grande histoire, sous l'œil assoupi d'un gouvernement paternel. Quand nous nous sentîmes irrésistiblement entraînés vers elle, la France se trouvait aux premiers jours de sa crise de rénovation sociale et politique. Alors tout était joie, enthousiasme, progrès annoncés ou déjà réalisés. On nous disait que le temps de l'épreuve serait court, et que la France allait en sortir au plutôt, libre, heureuse, unie, régénérée, triomphante. Hélas ! pourquoi faut-il que la crise dure encore après cent ans, et qu'à chaque révolution elle devienne plus aiguë, en devenant plus impossible à satisfaire ? Après l'égalité civile, qui est la justice même ; après l'égalité politique, qui est le progrès dont le suffrage universel se montre plus ou moins digne et capable, voilà qu'on veut l'égalité sociale, l'égalité dans la répartition des profits du travail, l'égalité de situation et de fortune, qui est la chimère pourrie des peuples en décadence. Aussi, ni le gouvernement, ni la société elle-même, ne sont sûrs du lendemain. Loin d'oser faire son devoir de répression, l'un ne cherche plus à se cacher qu'il appartient au plus malfaisant et au plus malhonnête des partis; l'autre est en proie aux sophistes et aux hommes de rapine. Où en sommes-nous des grandes pro-

messes territoriales et autres de la révolution ?
Nous en sommes à la triste plainte des vaincus ;
nous demandons à revenir à nos frontières d'avant la défaite.

Tant d'espérances trompées ne nous ont pas guéris de notre passion pour la France. Nous sommes à elle tant qu'elle n'aura pas achevé de se détruire elle-même. Depuis longtemps déjà, il n'y a plus d'État d'Avignon, il n'y a plus de Comtat ; il y a la France, toujours la France, et rien que la France !

Que Dieu nous aide pour la défense et pour le salut de celle qui fut de tout temps notre vraie mère, et qui restera notre unique patrie !

FIN